# 기독교의 재발견

*Discovering Christianity: A Guide for the Curious*

Copyright © Rowan Williams 2015, 2025
Original edition published in 2025 in English under the title
*Discovering Christianity: A Guide for the Curious* by SPCK Publishing,
London, England, UK.

This Korean translation edition © 2025 by Duranno Ministry, Seoul, Republic of Korea
This edition published by arrangement with SPCK Publishing
through rMaeng2, Seoul, Republic of Korea.
All rights reserved.

이 한국어판의 저작권은 알맹2를 통하여 SPCK Publishing과 독점 계약한 두란노서원에 있습니다.
신 저작권법에 의하여 한국 내에서 보호받는 저작물이므로 무단 전재와 무단 복제를 금합니다.

## 기독교의 재발견

지은이 | 로완 윌리엄스
옮긴이 | 송동민
초판 발행 | 2025. 10. 29.
등록번호 | 제1988-000080호
등록된 곳 | 서울특별시 용산구 서빙고로65길 38
발행처 | 사단법인 두란노서원
영업부 | 02)2078-3333 FAX | 080-749-3705
출판부 | 02)2078-3330

책값은 뒤표지에 있습니다.
ISBN 978-89-531-5194-9 03230

독자의 의견을 기다립니다.
tpress@duranno.com   www.duranno.com

두란노서원은 바울 사도가 3차 전도 여행 때 에베소에서 성령 받은 제자들을 따로 세워 하나님의 말씀으로 양육하던 장소입니다. 사도행전 19장 8-20절의 정신에 따라 첫째 목회자를 돕는 사역과 평신도를 훈련시키는 사역, 둘째 세계선교TIM와 문서선교단행본·잡지 사역, 셋째 예수문화 및 경배와 찬양 사역, 그리고 가정·상담 사역 등을 감당하고 있습니다. 1980년 12월 22일에 창립된 두란노서원은 주님 오실 때까지 이 사역들을 계속할 것입니다.

로완 윌리엄스 지음
송동민 옮김

# 기독교의 재발견

우리 믿음의 기초,
그 본질은 무엇인가

두란노

**CONTENTS**

추천의 글 • 6

1. **신앙**이란 무엇인가 • 10
2. **기독교**란 무엇인가 • 33
3. **신학**이란 무엇인가 • 49
4. 왜 **교회**가 중요한가 • 66
5. 왜 **성경**이 중요한가 • 81
6. 왜 **전통**이 중요한가 • 99
7. 왜 **이성**이 중요한가 • 115
8. 왜 **복음이 세상과 우리 삶**에 중요한가 • 131

소그룹과 개인 묵상을 위한 질문들 • 146

## 추천의 글

여기에 기독교 신앙의 의미를 궁금해하는 이들을 위해 그 신앙의 사유와 실천을 지혜롭고도 친절하게 소개해 주는 책이 있다. 그리고 다른 이들 역시 이 책을 읽는 동안에 오래되고 익숙한 길의 아름다움을 맑은 아침 햇살 아래서 새삼 발견하는 경험을 하게 될 것이다.

_메릴린 로빈슨, *Reading Genesis*(창세기 읽기) 저자

로완 윌리엄스는 우리를 결코 실망시키지 않는다. 그는 자신의 섬세한 감수성과 깊은 통찰, 탁월한 문체로써 우리가 기독교의 여러 심오한 측면들을 헤아리는 데 도움을 준다. 신자와 비신자 모두를 위한 책이다.

_샐리 비커스, *The Librarian*(사서) 저자

로완 윌리엄스처럼 신앙의 아름다운 본질을 깊이 파고드는 이는 아무도 없다. 이 책은 복음의 중심에 놓인 생명력과 가능성을 탐구해 보라는 하나의 슬기롭고 강력하며 명쾌한 초대와도 같다. 이 책은 왜 이 특별하고도 예외적인 이야기 위에 우리 삶을 건축할 가치가 있는지를 아마도 처음으로 헤아려 볼 수 있게 우리를 인도한다.

_새라 베시, *Field Notes for the Wilderness*
(인생의 광야를 위한 현장 기록들) 저자

이 책은 기독교 신앙의 신비한 진리들로 돌아가거나 그 속으로 초대되기를 원하는 모든 이들에게 하나의 선물과도 같다. 로완 윌리엄스는 이 책에서 그 신앙의 내용을 심오하고도 알기 쉬운 방식으로 소개하는 거의 불가능한 과업을 적절히 잘 해내고 있다. 이 책에는 그의 탁월한 권위와 따스함이 담겨 있으며, 그만의 명쾌한 통찰력으로 이 경이로운 신앙의 주제들을 생생히 전달하고 있다. 나는 앞으로도 이 책을 계속 읽어 가려 한다.

_치네 맥도널드, *God is Not a White Man*(하나님은 백인이 아니시다) 저자

놀랍다. 이 책은 적절히 심오하면서도 알기 쉬운 성격을 띤 것으로서, 기이하고 오래된 복음의 이야기 속으로 들어갈 길을 찾는 많은 이들에게 훌륭한 출발점이 되어 줄 것이다.

_엘리자베스 올드필드, *Fully Alive*(온전한 삶) 저자

로완 윌리엄스의 이 책은 나로 하여금 사도행전에 나오는 에티오피아인 내시와 같은 마음을 느끼게 했다. 곧 '기쁨으로 계속 길을 갈' 준비가 되게끔 만들어 준 것이다.

_리처드 콜스, 《슬픔의 광기》(*The Madness of Grief*) 저자

로완 윌리엄스는 그리스도인이 되는 일의 의미에 관해 특유의 솜씨로 지적인 동시에 매력적이고 아름다운 그림을 제시한다. … 그의 책을 읽을 때, 나 자신의 내면에서 무언가가 약동하는 것을 느끼게 된다. 이는 곧 내가 마침내 다다르기를 소망하는 바로 그 해변에서 들려오는 속삭임이다.

_마크 오클리, 《나의 달콤 씁쓸한 날들》(*My Sour Sweet Days*) 저자

Discovering
Christianity

기독교의 본질과 예수님에 대한
믿음의 의미를 숙고할 때,
우리는 결국 다음의 질문과 초대 앞에 서게 된다.

"무엇을 원하느냐? 와서 보라."

# 1

# 신앙이란 무엇인가

우리 눈을 열어 현실 세계 너머의

실재를 보게 한다

영국의 목판화가이자 책 삽화가인 그웬 라베라트(Gwen Raverat)의 책 *Period Piece: A Cambridge childhood*(시대의 한 조각: 케임브리지에서 보낸 유년기)는 케임브리지 문학의 위대한 고전 중 하나이다. 그 책에서 라베라트는 자신의 가문이 어떤 곳이었는지를 생생하게 그려 보이는데, 그녀의 삼촌과 숙모들 가운데는 실로 기이한 몇몇 인물들도 포함되어 있었다. 그중 한 삼촌은 자기가 방을 나설 때마다 그 안의 가구들이 저절로 움직인다고 굳게 믿는 인물이었다. 그래서 그는 그런 가구들의 모습을 현장에서 잡아낼 수 있게 서둘러 방으로 돌아오곤 했다.

이것은 물론 당시 케임브리지 지역 사람들의 괴짜 같은 성향을 보여 주는 하나의 다소 극단적인 사례이다. 하지만 내 생각에는 이 책의 독자들 가운데서도 어느 정도 그 사고방식에 공감할 수 있는 이들이 있을 것이다. 혹시 여러분의 경우에도, 어린 시절 자신이 집을 비운 사이 방 안의 물건들이 자리를 바꿀지 모른다는 끈질긴 의심을 품어 본 적은 없었는가? 잠시라도 등을 돌리는 순간, 눈앞에 있던 것들이 금세 모습을 바꾸곤 한다는 공상에 빠져 보지는 않앉는가?

나는 끊임없는 당혹감과 좌절에 시달리는 인간적인 자의식(human awareness)의 한 측면을 생각하면서 이 장의 논의를 시작해 보려 한다. 이런 자의식은 곧 지금 우리의 눈에 보이는 것이 이야기의 전부가 아닐 수도 있으며, 우리 각자의 인식이 모든 진리의 척도가 아닐 수도 있다는 생각에서 유래하는 것들이다.

주위 세상에 대한 우리의 일상적인 인식들은 종종 깊은 기쁨이나 슬픔에 휩싸이곤 한다. 때로 우리는 어떤 순간에서는 설명할 수 없는 깊은 감사를 표현하고 싶은 충동을 느끼며, 그 감사가 누구 혹은 무엇을 향해야 하는지조차 잘 알 수 없을 경우에도 그러하다. 그리고 우리는 미처 말로 표현하기 어렵거나 어떻게 대처해야 좋을지 알 수 없는 감정들을 느끼면서 곤혹스러워하기도 한다.

이러한 경험은 물론 위에서 언급한 그 기이한 삼촌의 경우와 상당히 다를 수 있지만, 본질적으로 이 두 현상 모두의 배후에는 일종의 동일한 관념이 자리 잡고 있다. 만약 이 세상이 우리의 생각만큼 평이하고 고분고분한 곳이 아니라면 어떻게 할 것인가? 만약 사물에 대한 우리 자신의 인식(여기에는 우리의 개인적인 필요나 소원이 가장 중요하다는 생각이 포함된다)이 만물의 척도가 아니라면 어떻게 해야 하는가?

우리의 종교적 감정과 인식은 바로 이런 인간의 한계, 또는 (이렇게 표현해도 좋다면) 인간의 취약성에 대한 감각에 근거를 두고 있다. 그리고 우리 인간들이 반드시 세상의 중심에 놓이거나 만물을 통제하는 것은 아니라는 감각 역시 그 기반이 된다.

마치 우리가 일종의 등대 같은 존재가 되어서, 우리 자신이나 우리의 마음 혹은 정신에 중심을 둔 하나의 균일한 빛으로 만물을 비추며 실재의 전 영역을 들여다볼 수 있는 것이 아니라는 뜻이다. 이처럼 우리가 만물의 중심에 있지 않고, 그저 서로 얽힌 채로 영향을 계속 주고받는 광대하고 풍성한 여러 관점과 에너지들의 그물망에 속한 일부분일 뿐이라면 어떻게 해야 할까?

이 질문에 관해, 우리는 다음의 두 가지 응답 중 하나를 택할 수 있다. 그중 하나는 실로 건전하며, 다른 하나는 그다지 좋지 않은 선택이다. 그리고 그다지 좋지 않은 선택은 해로운 종교로 이어지며, 건전한 선택은 우리를 신앙의 길로 인도한다.

여기서 해로운 종교는 결국 우리가 모든 것의 주관자로서 만물의 중심에 있으며 인간적인 한계들을 능히 극복해 낼 수 있다고 착각하게 만드는 방식으로 종교적인 언어와 이야기들을 오용하는 데서 생겨난다. 이때 우리는 자신이 무오하고 절대적인 진리를 파악해 낼 수 있으며, 만물을 균등하고 공정하게 바라보는 관점을 품을 수 있다고 믿게 된다. 곧 자신이 세상의 참모습을 이미 헤아리고 있으며, 그렇기에 무언가를 더 배울 필요가 없다고 여기게 되는 것이다.

이러한 태도는 곧 해로운 종교의 기초가 될 뿐 아니라, 유해한 무신론적 신념들의 바탕이 되는 것이기도 하다. 이는 특히 어떤 사상 체계가 스스로를 '무신론'으로 지칭하면서도, 인간들 자신의 질문에 완전한 답을 주는 동시에 그들의 힘을 위협하는 모든 한계를 극복할 수 있는 듯이 여기면서 여전히 일종의 (좋지 않은) 종교적인 관념들에 집착하는 경우에 그러하다.

이와 같은 나쁜 종교의 가장 근본적인 문제점, 곧 그것을 유해하게 만드는 요인은 바로 그 가르침들이 우리로 하여금 세상의 진정한 현실을 무시하고 외면하게 만든다는 데 있다.

## 사물의 표면 너머를 들여다보기

그렇다면 '건전한' 응답이란 어떤 것일까? 내가 보기에, 위에서 살핀 '나쁜' 종교와 대비되는 참된 신앙의 시금석 중

우리의 신앙이
가장 온전한 생명력을 갖게 되는 것은
바로 그 신앙이 우리의 눈을 열어
이제껏 생각했던 것보다
더 큰 세상의 참모습을
발견하게 해 줄 때다.

하나는 과연 그것이 우리로 하여금 이 세상의 현실을 무시하는 일을 그치게끔 만드는가에 있다. 우리의 신앙이 가장 온전한 생명력을 갖게 되는 것은 바로 그 신앙이 우리의 눈을 열어 이제껏 생각했던 것보다 더 큰 세상의 참모습을 발견하게 해 줄 때다. (이때 물론 그 세상은 생각보다 더 두렵고 놀라운 곳이 될 수도 있다.)

참된 신앙의 잣대는 그 신앙이 우리에게 얼마나 더 많은 것을 보여 주는지, 나아가 세상의 여러 현실을 부인하고 저항하거나 무시하는 일을 얼마나 멈추고 내려놓게 하는지에 있다.

나는 지난 이십육 년간 브로드모어 병원의 선임 정신과 전문의로서 버거운 직무를 놀랄 만큼 잘 감당해 온 이를 안다. 그는 또 열렬한 셰익스피어 작품의 애호가이며, 그가 가장 좋아하는 그 작품들의 대사 중 하나는 희곡 《템페스트》(*Tempest*, 폭풍우)에서 추방당해 외딴 섬에 살고 있는 밀라노의 공작인 프로스페로가 딸 미란다를 향해 던지는 다음의 물음이었다.

"그것 말고 또 보이는 것이 없느냐?"(What seest thou else?)

그는 자신의 고된 진료를 감당하게 만든 힘이 바로 그 질문에 있었음을 고백했다. 어둡고 비참한 상황, 심한 불안과 자기만의 환상에 갇힌 환자들의 모습을 마주할 때, 그는 계속 이렇게 자문해 보아야만 했다. '그것 말고는 또 보이는 것이 없을까? 여기서 내가 보아야 할 것은 무엇일까?'

그의 관점에서, 주어진 사물의 표면 너머를 들여다보게 돕는 힘은 바로 종교적인 신앙의 영향력에 있었다. 그것은 이 세상의 실제 모습이 그저 한 인간의 눈으로는 다 파악될 수 없으며, 심지어 온 인류의 시야를 통해서도 그리될 수 없음을 알게 해 주는 힘이었다. 이는 곧 우리 앞의 이 세상이 진실로 기이하고 낯선 차원과 헤아릴 수 없는 깊이를 지님을 일깨우는 힘이었던 것이다.

이런 측면에서, 종교적 신앙은 예술이나 창의적인 과학 활동과 상당히 겹치는 특징을 띤다. 알다시피 창의적인 과학 탐구는 이 세상에 아직 드러나지 않은 무언가가 있다는 확신에서 시작된다. 곧 나 자신이나 우리 모두가 외면해 온 무언가가 있으며, 이제 그 사실을 직시할 때가 되었다는 것이다.

마찬가지로 (시와 조각, 그림과 희곡 등으로 이루어진) 예술 활동 역시 다음의 느낌에 뿌리 내리고 있다. '세상의 참모습은 어느 한 순간에 누군가가 하나의 이미지를 통해 파악해 낸 것보다 훨씬 더 크고 넓다.'

달리 말해, 종교적 신앙은 우리의 시각과 열정을 일깨

우는 하나의 과정이다. 그것은 우리의 시각을 일깨움으로써, 이전에 제대로 보지 못한 것들을 파악하는 법을 배워 가게 한다. 나아가 사물의 표면 너머를 들여다보며, 우리 힘으로 다 헤아릴 수 없는 이 세상의 깊이를 알아가게 돕는 것이다. 그리고 그 신앙은 우리의 열정을 일깨움으로써 우리가 '인간답게' 자라가도록 인도하며, 이때 우리는 세상의 그 낯선 모습들에 대한 두려움에 짓눌리지 않고 자신의 인간적인 가치를 온전히 드러내게 된다.

신앙은 우리를 더 크고 넓은 세계로 이끌어 간다. 오늘날 이 세상의 인식론적인 문제 중 하나는 신앙이 마치 우리를 더 작고 협소한 세계로 인도하며 인간 존재를 더 미약하게 만들어 버리는 듯이 여기는 데 있다. 그러나 지금 그 신앙 안에서 살아가는 이들은 오히려 신앙이 우리 앞에 열어 주는 세계가 무한히 더 큰 곳임을 고백하게 된다.

우리가 역사책에서 가끔 보게 되는 유명한 16세기의 목판화가 있는데, 그 속에는 한 사람이 하늘의 창공 너머로 머리를 내미는 모습이 담겨 있다. 작은 별들이 반짝이는 그 매끄럽고 우아한 창공 너머로 그가 고개를 내밀었을 때, 그의 눈앞에는 갑자기 낯설고 기이한 별들로 가득 찬 또 다른 하늘이 그 모습을 드러냈던 것이다. 이 목판화는 종종 르네상스 운동이 전개되던 16세기 당시에 세상이 자신들의 생각보다 무한히 크다는 것을 사람들이 깨달았을 때 어떻게 느꼈을지를 보여 주는 일종의 이미지로 간주된다.

그 때문에 이 그림은 종종 전통적인 기독교와 종교적 권위 전반에 대한 저항을 상징하는 이미지로 쓰인다. 하지만 나는 그것을 마땅히 하나의 진정한 신앙을 나타내는 이미지로 받아들여야 한다고 본다. 곧 종교적 전통과 실천이 우리에게 주는 유익에 대한 바른 이해를 보여 주는 이미지가 되어야 하며, 그 유익은 바로 우리로 하여금 매끄럽게 다듬어진 사물의 표면을 넘어서서 생소한 별들로 가득한 또 하나의 광대한 우주로 나아가게 한다는 데 있다.

## 복음의 빛

그렇다면 참된 종교의 이런 특징은 구체적으로 기독교 신앙의 맥락에서 어떻게 나타날까? 그리고 우리가 그 신앙의 가르침을 진지하게 숙고해 보아야 할 이유는 무엇일까?

이 지점에서 다소 철학적인 논의를 잠시 내려놓고 요한복음 9장 본문을 살펴보려 한다. 그 가운데서도 특히 그 본문에서 예수님이 한 눈먼 이를 고치신 이야기에 관심을 둘 것이다. 먼저 그 이야기를 다소 자세히 인용해 보겠다.

[1]예수께서 길을 가실 때에 날 때부터 맹인 된 사람을 보신지라 [2]제자들이 물어 이르되 랍비여 이 사람이 맹인으로 난 것이 누구의 죄로 인함이니이까 자기니이까 그의 부모니이까 [3]예수께서 대답하시되 이 사람이나 그 부모의 죄로 인한 것이 아니라 그에게서 하나님이 하시는 일을 나타내고자 하심이라 [4]때가 아직 낮이매 나를 보내신 이의 일을 우리가 하여야 하리라 밤이 오리니 그 때는 아무도 일할 수 없느니라 [5]내가 세상에 있는 동안에는 세상의 빛이로라 [6]이 말씀을 하시고 땅에 침을 뱉어 진흙을 이겨 그의 눈에 바르시고 [7]이르시되 실로암 못에 가서 씻으라 하시니 (실로암은 번역하면 보냄을 받았다는 뜻이라) 이에 가서 씻고 밝은 눈으로 왔더라 [8]이웃 사람들과 전에 그가 걸인인 것을 보았던 사람들이 이르되 이는 앉아서 구걸하던 자가 아니냐 [9]어떤 사람은 그 사람이라 하며 어떤 사람은 아니라 그와 비슷하다 하거늘 자기 말은 내가 그라 하니 [10]그들이 묻되 그러면 네 눈이 어떻게 떠졌느냐 [11]대답하되 예수라 하는 그 사람이 진흙을 이겨 내 눈에 바르고 나더러 실로암에 가서 씻으라 하기에 가서 씻었더니 보게 되었노라 [12]그들이 이르되 그가 어디 있느냐 이르되 알지 못하노라 하니라

$^{13}$그들이 전에 맹인이었던 사람을 데리고 바리새인들에게 갔더라 $^{14}$예수께서 진흙을 이겨 눈을 뜨게 하신 날은 안식일이라 $^{15}$그러므로 바리새인들도 그가 어떻게 보게 되었는지를 물으니 이르되 그 사람이 진흙을 내 눈에 바르매 내가 씻고 보나이다 하니 $^{16}$바리새인 중에 어떤 사람은 말하되 이 사람이 안식일을 지키지 아니하니 하나님께로부터 온 자가 아니라 하며 어떤 사람은 말하되 죄인으로서 어떻게 이러한 표적을 행하겠느냐 하여 그들 중에 분쟁이 있었더니 $^{17}$이에 맹인되었던 자에게 다시 묻되 그 사람이 네 눈을 뜨게 하였으니 너는 그를 어떠한 사람이라 하느냐 대답하되 선지자니이다 하니

$^{18}$유대인들이 그가 맹인으로 있다가 보게 된 것을 믿지 아니하고 그 부모를 불러 묻되 $^{19}$이는 너희 말에 맹인으로 났다 하는 너희 아들이냐 그러면 지금은 어떻게 해서 보느냐 $^{20}$그 부모가 대답하여 이르되 이 사람이 우리 아들인 것과 맹인으로 난 것을 아나이다 $^{21}$그러나 지금 어떻게 해서 보는지 또는 누가 그 눈을 뜨게 하였는지 우리는 알지 못하나이다 그에게 물어 보소서 그가 장성하였으니 자기 일을 말하리이다 $^{22}$그 부모가 이렇게 말한 것은 이미 유대인들이 누구든지 예수를 그리스도로

시인하는 자는 출교하기로 결의하였으므로 그들을 무서워함이러라 <sup>23</sup>이러므로 그 부모가 말하기를 그가 장성하였으니 그에게 물어 보소서 하였더라

<sup>24</sup>이에 그들이 맹인이었던 사람을 두 번째 불러 이르되 너는 하나님께 영광을 돌리라 우리는 이 사람이 죄인인 줄 아노라 <sup>25</sup>대답하되 그가 죄인인지 내가 알지 못하나 한 가지 아는 것은 내가 맹인으로 있다가 지금 보는 그것이니이다 <sup>26</sup>그들이 이르되 그 사람이 네게 무엇을 하였느냐 어떻게 네 눈을 뜨게 하였느냐 <sup>27</sup>대답하되 내가 이미 일렀어도 듣지 아니하고 어찌하여 다시 듣고자 하나이까 당신들도 그의 제자가 되려 하나이까 <sup>28</sup>그들이 욕하여 이르되 너는 그의 제자이나 우리는 모세의 제자라 <sup>29</sup>하나님이 모세에게는 말씀하신 줄을 우리가 알거니와 이 사람은 어디서 왔는지 알지 못하노라 <sup>30</sup>그 사람이 대답하여 이르되 이상하다 이 사람이 내 눈을 뜨게 하였으되 당신들은 그가 어디서 왔는지 알지 못하는도다 <sup>31</sup>하나님이 죄인의 말을 듣지 아니하시고 경건하여 그의 뜻대로 행하는 자의 말은 들으시는 줄을 우리가 아나이다 <sup>32</sup>창세 이후로 맹인으로 난 자의 눈을 뜨게 하였다 함을 듣지 못하였으니 <sup>33</sup>이 사람이 하나님께로부터 오지 아니하였으면 아무 일도 할 수 없으리이다

³⁴그들이 대답하여 이르되 네가 온전히 죄 가운데서 나서 우리를 가르치느냐 하고 이에 쫓아내어 보내니라 ³⁵예수께서 그들이 그 사람을 쫓아냈다 하는 말을 들으셨더니 그를 만나사 이르시되 네가 인자를 믿느냐 ³⁶대답하여 이르되 주여 그가 누구시오니이까 내가 믿고자 하나이다 ³⁷예수께서 이르시되 네가 그를 보았거니와 지금 너와 말하는 자가 그이니라 ³⁸이르되 주여 내가 믿나이다 하고 절하는지라 ³⁹예수께서 이르시되 내가 심판하러 이 세상에 왔으니 보지 못하는 자들은 보게 하고 보는 자들은 맹인이 되게 하려 함이라 하시니 ⁴⁰바리새인 중에 예수와 함께 있던 자들이 이 말씀을 듣고 이르되 우리도 맹인인가 ⁴¹예수께서 이르시되 너희가 맹인이 되었더라면 죄가 없으려니와 본다고 하니 너희 죄가 그대로 있느니라(요 9:1-41).

내 생각에, 기독교적인 '봄'(seeing)의 이야기가 우리에게 어떤 모습과 느낌으로 다가오는지를 다루기 위한 출발점으로 이 본문이 가장 적합하다. 이야기의 끝부분에서, 그분의 메시지에 도전해 온 당시의 종교 지도자들을 향해 예수님이 이렇게 말씀하시는 것을 주목해 보라.

"본다고 하니 너희 죄가 그대로 있느니라." 이 구절은 이렇게 번역될 수도 있다. "너희가 볼 수 있다고 말하기에, 여전히 참진리로부터 소외된 상태에 있다." 달리 말하면, 이 구절의 의미는 다음과 같다. '너희가 보지 못함을 인정할 때 비로소 참된 길을 찾게 된다.'

이것은 요한복음에서 자주 등장하는 놀라운 역설 중 하나다. 여기서 예수님은 당대의 종교 지도자들을 향해, 사실상 이렇게 말씀하시는 것이다.

"너희의 문제는 곧 스스로 보지 못함을 깨닫지 못하는 데 있다. 너희는 자신의 습관과 지위, 여러 종교적인 기술 때문에 제대로 다가가지 못하는 것이 무엇인지를 전혀 헤아리지 못한다."

이야기가 전개되면서, 우리는 그들이 미처 보지 못한 것이 무엇인지를 점점 더 명확히 헤아리게 된다.

그들이 보지 못한 것은 바로 그들 자신의 삶을 움직이는 여러 내적인 기제들이었다. 그 기제들은 그들을 깊은 두려움 속에 가두었으며, 폭력을 써서라도 자신들의 지위를 확보하려는 마음을 품게 했다. 그 결과, 그들은 타인들을 희생양으로 삼아서라도 자신의 안정을 지키려고 몸부림치게 되었던 것이다.

이처럼 그들은 자신들의 내면에서 이 모든 부정적인 기제들이 어지럽게 작용하는 것을 미처 돌아보지 못했으며,

우리가 스스로를
어떻게 생각하든 간에,
본성상 자신의 참모습에 관한
진실을 듣기를 바라는 이들은
거의 없다.

그로 인해 (예수님의 말씀처럼) 자기 파괴적인 습관들 속에 갇혀 있게 되었다. 그들은 자신들이 보지 못함을 미처 알지 못했고, 예수님이 그들 앞에 실재의 참모습을 제시하실 때도 그것을 외면하고 애써 달아나려 했다.

사실 그리 놀라운 일은 아니다. 정직한 친구나 (그보다 더 솔직한) 대적자들이 우리의 실제 모습을 지적할 때, 우리 중 대부분은 얼른 그 자리를 벗어나려는 태도를 보인다. 우리가 스스로를 어떻게 생각하든 간에, 본성상 자신의 참모습에 관한 진실을 듣기 바라는 이들은 거의 없다. 누군가가 우리에게 다가와서 "혹시 당신에 관한 내 진짜 생각을 알고 싶나요?"라고 묻는다면, 대부분 우리의 솔직한 답은 "글쎄요, 별로 알고 싶지 않네요"가 될 것이다.

여기서 여러분은 이렇게 반응할 수도 있다. "그건 누구에게나 당연한 일 아닐까요?" 그리고 자신들이 지닌 내적인 두려움과 폭력의 기제가 폭로되는 상황 앞에서 그 종교 지도자들이 깊은 공포심에 빠지는 것을 마냥 탓할 수만은 없다고 여길지도 모른다.

요한복음의 서술이 지닌 독특성은 곧 그 이야기가 그저 계속적인 실패와 두려움, 무지 속에 갇힌 우리의 모습을 보여 주는 데 그치지 않는다는 점에 있다. 요한이 들려주는 예수님의 이야기 가운데는 다른 무언가에 대한 비전이 담겨 있는데, 그는 그것을 '영광'으로 지칭한다.

이 영광은 세상 만물의 바탕에 있는 그 찬란한 빛과 아름다움을 나타내는 표현이다. 그 빛이 비추일 때, 우리는 스스로를 정당화하며 방어하기 위해 거짓된 모습을 애써 꾸며내는 태도를 더 이상 유지할 수 없다. 그 충만한 빛 아래 설 때, 우리는 마치 그 종교 지도자들과 유사한 태도로 "좋소. 무슨 말인지 잘 알겠소"라고 말하면서 그 빛에 대한 지식과 경험들을 대충 얼버무릴 수가 없다. 이 복음서에서 예수님의 사역은 그 아름답고 찬연한 빛이 온 세상에 비치게끔 역사하는 과정으로 뚜렷이 묘사되고 있다. 그리하여 지극히 완고하게 스스로를 옹호하며 자신의 실제 모습을 인정하기를 회피하는 이들만이 그 빛에 저항하게 되는 것이다.

그 찬란한 빛 앞에서, 우리의 자기 정당화나 두려움과 폭력을 비롯한 각종 그릇된 기제들은 설 곳을 잃는다. 이는 복음서의 가르침에 따르면, 예수님이 드러내신 빛은 곧 만물의 심장부에 있는 철저한 이타심의 표현이기 때문이다. 복음에 따르면, 모든 실재의 배후와 바탕에 있는 것은 곧 우리가 상상할 수 있는 가장 온전하고 강력하며 지혜로운 분이 자신을 내어 주며 그 충만한 기쁨과 생명을 다른 것들에게 나눠 줌으로써 그들도 생명을 누리게 하는 하나의 움직임이다.

이 움직임은 영원의 세계에서 시작되었으며, 이 세상의 역사 속에서 거듭 구체적으로 자신의 모습을 드러낸다. 복음의 찬란하고 아름다운 광채는 곧 스스로를 내어 주시는 분의 신적인 영광이다. 그리고 이 빛을 대면할 때, 우리는 비로소 폭력적인 자기 옹호의 감옥에서 놓여난다(우리의 기도와 소망은 바로 여기에 있다). 과연 이 일은 어떻게 가능한 것일까? 이는 우리가 한없이 자기를 내어 주시는 그분의 모습을 마주할 때, 더 이상 그 사랑을 얻기 위해 거짓으로 그분을 설득하고 꼬드기거나 조종하려고 애쓸 필요가 없어지기 때문이다. 이때 우리 앞에 있는 분은 어떻게든 달래고 다독여야만 할 일종의 적대적이고 방어적이며 우주적인 폭군이 아니다.

오히려 우리 앞에 놓인 분은 조건 없는 사랑의 무한한 선물이다. 요한복음에서는 그것을 곧 우리에게 생명을 베푸시는 분의 다함없는 사역과 수고로 언급하고 있다. 그 복음서의 한 본문에서, 예수님은 그분이 안식일에 누군가를 치유하심으로써 기존의 율법을 어겼다는 지적에 관해 자신을 변호하면서 이렇게 말씀하셨다. "내 아버지께서 이제까지 일하시니 나도 일한다." 이처럼 우리에게 생명을 베푸시며 치유와 회복, 그리고 참된 존재의 긍정을 허락하시는 그분의 이타적인 움직임은 한 순간도 중지되지 않는다.

이것이 정말 그러하다면 얼마나 놀라운 진리인지를 헤아려볼 수 있을 것이다. 나아가 그런 비전이 어떻게 우리에게 자연스럽거나 가능성 있는 것으로 여겨질 수 있는지를 의아해할 수도 있다. 그런데 바로 이 지점에서, 예수님의 이야기는 긴장감을 점점 더 고조시킨다.

본문이 전개될수록 우리는 자신이 얼마나 견고한 자기기만의 구조 속에 갇혀 있는지를 점점 더 깨닫게 된다. 이야기의 진행 과정에서, 우리는 인간들이 그 이중의 비전, 곧 우리 자신의 깊은 두려움과 그것을 극복하는 신적인 사랑에 어떤 식으로 저항하며 그 이유는 무엇인지를 점점 더 깨닫는다. 그리고 복음서의 이야기에서는 그 인간들의 두려움이 승리를 거둔 듯이 보였으니, 이는 예수님이 결국 정죄받고 처형을 당하셨기 때문이다. 세상과 자신들의 참모습을 보기를 거부했던 그들의 저항은 마침내 그분의 십자가에 죽으심으로 이어졌다. 하지만 복음서에 따르면, 그 죽으심의 사건 자체도 영광의 순간이었다. 이는 그곳에서 우리를 향한 사랑으로 자신을 내어 주시는 그분의 참모습이 온전히 드러났기 때문이다.

예수님의 십자가에서, 우리는 어떤 조건이나 유보 사항이 없는 그 깊은 사랑의 상징을 보게 된다. 실로 그 십자가 자체가 하나님의 영광을 드러낸다. 예수님의 죽으심은 결코 소멸될 수 없는 하나님의 사랑을 우리 앞에 보여 주며, 그 사역과 수고는 지금도 계속되고 있다. 설령 우리가 그 손길을 거부할지라도, 하나님은 그분의 일들을 멈추지 않으시며 이타적인 분으로 존재하기를 그치지 않으신다.

그분의 사역들이 이처럼 확고한 성격을 띠기에, 그것은 예수님의 십자가에 죽으심을 통해, 그리고 그 이후에도 계속 이어진다. 그리하여 참된 생명이 이 세상 속으로 다시금 뚫고 들어오는 것이다. 죽음조차도 예수님 안에 있는 그 생명력을 억누르지 못했으며, 이제 그 생명력은 늘 그랬듯이 적극적인 사랑과 환대를 간직한 모습으로 다시금 우리 앞에 나타났다.

아마도 요한복음에 관해서는 무한히 더 많은 내용을 다룰 수 있을 것이다. 이는 그 책이 성경 전체에서 가장 풍성한 의미가 담긴 본문 중 하나이기 때문이다. 다만 여기서는 그 복음서의 여러 부분에서 우리의 신앙을 하나의 '봄'으로 제시한다는 점을 이 책의 독자들이 충분히 헤아리게 되었기를 바랄 뿐이다.

그 신앙의 관점은 우리 자신을 두려움과 잠재적인 폭력성에 매인 존재로 여기는 동시에 하나님을 찬란하고 늘 한결같으며 무한한 창조성을 지니신 분으로 바라보는 이중의 비전과 연관되어 있다. 그리고 우리는 바로 그 신앙의 자리로 초대된다. 곧 인간의 자기 기만과 하나님의 영광 모두를 인식하는 기독교 신앙의 자리로 부름을 받는 것이다. 실제로 하나님의 영광, 곧 끝없이 자신을 내어 주시는 그 사랑의 광휘를 체험할 때, 우리는 자신의 비참한 자기 기만을 더욱 담대하고 온전한 태도로 직면할 수 있게 된다.

요한복음에 기록된 예수님의 처음 말씀은 다음 두 마디였다. "무엇을 구하느냐?" "와서 보라." 내 생각에 이 두 구절보다 더 좋은 신앙의 초청은 없을 듯하다.

여러분은 무엇을 구하는가? 정말로 자신의 삶이 달라지기를 바라는가? 진실로 온전한 인간됨에 이르고자 하는가? 그렇다면 '와서 보라.'

이 복음의 이야기는 하나의 논증으로 시작되지 않는다. 오히려 그 이야기는 우리 자신을 돌아보며 이전과는 다른 실재의 모습을 보게 되는 곳으로 나아오라는 하나의 초청으로 시작된다. '그것 말고 또 보이는 것이 없느냐?'

우리는 천천히 시간을 들여 이 복음서의 이야기를 숙고하도록 초청받는다. 이는 그 이야기 속에 담긴 주장이 지극히 단순하면서도 진실로 충격적인 것이기 때문이다. 요한복음과 모든 기독교의 전통에서 선포하는 것은 바로 인류 역사의 한 순간에 이 세상이 그것을 지으신 분의 사랑 앞에 온전히 노출되었던 때가 있다는 것이다. 그것은 곧 창조주

이신 그분의 영광이 한 인간의 얼굴 안에서 찬연히 드러났던 순간이었다.

# 2

# 기독교란 무엇인가

삼위 하나님이
인간의 어둠 속으로 몸소 들어오신 이야기다

어떤 사람이 일 년 동안 한 교회에서 일어나는 일들을 지켜본다고 상상해 보자. 그는 그 교회에서 일주일 중 어느 한 날이 특별한 의미를 지님을 알게 될 것이다. 기독교 국가에서 벌어지는 일들을 살핀다면 그 나라에서 일요일이 모임과 기도를 위한 중요한 날로 여겨짐을 파악할 것이다.

그는 그리스도인들이 함께 모여 '만물의 창조자'이자 '심판자'이신 하나님께 찬송하고 기도하며, 그분 앞에 경배하고 감사하면서 자신들의 죄와 실패를 고백하는 모습을 목격할 것이다. 또 어떤 거룩한 책의 한 부분을 공적인 모임에서 낭독하고 그곳의 인도자들이 그 책을 이해하는 법을 가르치는 것을 볼 것이다. 그리고 아마도 대부분의 기도가 '예수 그리스도'라는 인물에 관한 언급으로 끝맺으며, 이때 그 인물이 '주'로 지칭됨을 알아차릴 것이다.

더 나아가 그는 그리스도인들이 일 년 중 여러 시기에 걸쳐 예수님의 탄생을 경축하며, 그분의 죽으심과 기적적인 부활을 기념하는 모습을 목격할 것이다. 때로는 '아버지와 아들과 성령'을 언급하는 기도와 축복의 말을 듣기도 한다.

끝으로, 그는 새 신자들이 머리 또는 온 몸을 물에 잠그는 의식을 통해 새로운 지체들이 그 공동체의 일원이 되는 것을 접하는 동시에 여러 교회 공동체에서 행하는 가장 규칙적인 예식은 바로 떡과 포도주를 함께 나누는 일임을 알게 될 것이다. 이때 이 떡과 포도주를 함께 먹고 마시는 일이 '예수님의 살과 피를 나누는 것'으로 묘사됨을 보고서 상당한 당혹감과 충격을 경험할 수도 있다.

또 그는 (바라건대) 사람들이 '서로의 교제' 안에서 함께 살아가야 하며 온 인류가 '하나님의 형상으로' 지음 받았다는 교회의 가르침이 세상의 각종 불의와 배제, 편견과 폭력에 대한 신자들의 생각과 대응 방식이나 사회에서 버림 받은 이들과 관계 맺는 방식을 변화시키는 모습을 보게 될 것이다.

이 장에서, 나는 방금 상상한 방식으로 외부에서 그리스도인들을 지켜보는 이들이 마음속으로 어떤 질문들을 품게 될지를 생각해 보려 한다. 실제로 이 장의 내용은 비유럽권의 이슬람 청중을 위해 준비했던 강연에 기반을 두고 있으며, 당시 나는 기독교 '내부'의 언어들에 너무 의존하지 않으려고 노력했다.

이 질문들은 평소에 여러분 자신이 간직해 온 것일 수도 있고, 그렇지 않을 수도 있다. 하지만 어떤 경우든, 그 질문들에 답하려는 시도는 다른 질문들의 초점을 더 명확히 밝히는 데 도움을 줄 것이다.

## 하나님: 아버지, 아들과 성령

먼저 기독교적인 기도의 가장 명백한 특징들을 살펴보자. 그리스도인들은 '우리 주 예수 그리스도를 통해' 기도하며, 가장 잘 알려진 기도문은 '하늘에 계신 우리 아버지'라는 표현으로 시작된다. 그리고 이 두 구절은 서로 밀접히 연관되어 있다. 아마 기독교의 가장 중요한 신념은 곧 예수님이 그리하셨던 것과 동일한 방식으로 하나님께 나아가 구할 자격을 우리도 부여받았다는 가르침일 것이다. 예수님 안에 충만히 임했던 생명과 능력, 성령의 임재가 우리에게도 주어졌기 때문이다.

물론 그리스도인들은 예수님이 마리아의 아들로 태어난 온전한 인간이었음을 믿는다. 하지만 그분에 대한 그들의 믿음은 여기에서 그치지 않는다. 복음서들에 묘사된 것처럼 예수님이 자신의 가르침과 용서에 담긴 능력을 통해 신적인 권위를 드러내셨기에, 그리스도인들은 또한 그분의 삶 전체가 모든 순간에 그분 안에 함께하신 하나님의 행하심에서 유래한 직접적인 결과물임을 고백한다. 일부 기독

기독교의 가장 중요한 신념은
곧 예수님이 그리하셨던 것과
동일한 방식으로
하나님께 나아가 구할 자격을
우리도 부여받았다는 가르침일 것이다.
예수님 안에 충만히 임했던
생명과 능력, 성령의 임재가
우리에게도 주어졌기 때문이다.

교 사상가들의 표현을 빌리자면, 그분의 인간적인 삶은 마치 뜨거운 불에 달구어져서 마침내는 그 불과 마찬가지로 활활 타오르는 능력을 갖게 된 일종의 무쇠와도 같았던 것이다.

그리스도인들은 예수님을 '하나님의 아들'로 부르는데, 이는 하나님이 물리적인 의미에서 그분의 아버지였다거나 그분이 유일하신 하나님 곁에 있는 또 다른 하나님이었음을 뜻하지 않는다. 오히려 그들은 한 분 하나님이 서로 영원하고 뚜렷하게 구별되는 세 가지 방식으로 생생히 살아 계심을 고백한다.

먼저 하나님은 모든 것의 근원이자 그로부터 만물이 흘러나오는 생명의 원천이시며, 그리스도인들은 이 '흘러나옴'의 과정 가운데도 그분이 생생히 임재해 계시다고 말한다. 그분께로부터 유래하는 이 생명은 그분 자신과 전혀 동떨어진 성격을 띠는 무언가가 아니다. 오히려 그 생명은 그분의 모든 속성을 반영하며, 그분의 영광과 아름다움을 드러내고 또 전달한다.

그리스도인들은 하나님이 자신의 영광에 대한 영원하고도 완전한 형상을 소유하고 계심을 고백하는데, 때로 이 형상은 그분의 '지혜'나 '말씀'으로 지칭되기도 한다(후자의 원래 의미는 단순한 '말'보다 '마음'이나 '자신의 의도를 소통하는 하나의 지성'

에 더 가깝다). 때로 그 형상은 그분의 '아들'로 불리는데, 이때 그 아들됨의 관계를 일종의 물리적이고 문자적인 방식으로 이해해서는 안 된다.

나아가 그리스도인들은 이 유일하신 하나님, 곧 만물의 근원이자 바깥으로 흘러나가는 생명의 원천이시며 아버지인 동시에 아들이신 그 하나님이 또한 아버지와 아들 사이에 존재하는 순전한 사랑의 에너지로도 활동하심을 고백한다. 하나님은 자신의 말씀 안에서 능력으로 역사하시는데, 이 능력은 만물을 그분께로 다시금 인도하며 인류뿐 아니라 온 우주가 그분의 지혜와 선하심에 하나로 연합되게 하는 역할을 감당한다. 그리스도인들은 이런 그분의 능력을 '성령'으로 지칭한다.

그러므로 그리스도인들이 아버지와 아들, 성령을 언급할 때, 그 말뜻은 세 분의 신이 별도로 존재한다는 데 있지 않다. 방 안에 세 사람이 함께 있는 것처럼 하늘에도 세 분의 신이 함께 거한다는 의미가 아니라는 것이다. 물론 그들은 하나님의 영원한 존재와 행동에 속한 그 세 가지 방식이 서로 구별됨을 믿으며, 그분의 생명을 구성하는 세 '위격'을 언급한다. 하지만 그 위격들이 저마다 독립적인 신적인 물체라도 되는 듯이, 이 세상의 사물이나 사람 개개인이 서로 구분되는 방식으로 각기 구분된다고 여기는 것은 분명한 오류이다.

    나아가 예수님에 관해 그리스도인들이 믿는 바를 살필 때, 우리는 그들이 그분을 '하나님의 아들'로 고백하는 이유를 헤아리게 된다. 하나님의 영원한 말씀과 지혜가 그분의 인간적인 마음과 신체를 온전히 점유했기에, 그들은 그분 안에서 그 말씀과 지혜가 '육신이 되었다'고 고백한다. 기독교의 전문 용어를 사용하자면, 그 실재가 '성육신했다'(incarnated)는 것이다. 하늘에서 그 말씀과 지혜가 하나님의 영광과 아름다움을 영원히 드러내듯, 이 세상의 역사에서는 예수님 자신의 삶을 통해 그 영광과 아름다움이 드러났다. 이는 그분이 우리 앞에 신적인 사랑의 광휘를 비추시는 동시에, 하나님이 의도하신 진정한 인간됨의 영광과 품격을 보여 주셨기 때문이다.

    때로 유대의 구약 성경에서는 하나님의 말씀과 지혜가 그분의 '자녀'로 묘사되며, 그분께 속한 백성의 지혜로운 통치자들이 그분의 '아들들'로 지칭되기도 한다. 그렇기에 그리스도인들은 하나님의 지혜를 자신의 삶 속에서 구현하셨으며 그 백성의 통치자로 기름 부음을 받으신 예수님을 그분의 '아들'로 고백하였던 것이다. 앞서 살폈듯이, 기독교 사상가들은 처음부터 이 표현을 어떤 물리적인 방식으로 이해해서는 안 된다는 점을 지적해 왔다.

예수님은 소리 내어 기도할 때, 하나님을 내 '아버지'로 지칭하셨다. 곧 예수님은 이 호칭을 통해 자신의 전 존재가 하나님께로부터 유래함을 고백하는 동시에 그분을 향한 자신의 깊은 신뢰와 확신 역시 표현하고 계신 것이다. 요한복음에서 거듭 서술하듯이 예수님은 하나님의 깊은 마음과 생각을 아셨으며, 그 내용을 자신이 부르신 이들에게 온전하고 권위 있게 드러내실 수 있었다.

그러므로 그리스도인들이 예수님의 이름으로 '우리 아버지'께 기도할 때, 하나님을 향해 이렇게 기도하는 것이 된다. "당신은 내 기도의 음성을 예수님의 것과 동일하게 여기시고, 그분이 경험하신 것과 같은 사랑으로 대해 주실 것을 약속하셨습니다." 하나님께 기도할 때 그들은 예수님의 자리에 나아가 서는 것이다. 그들은 그분의 목소리로 기도하며, 그분이 자기 아버지께 받았던 그 사랑을 자신들도 누릴 것을 신뢰하고 소망한다.

## 예수님: 하나님의 인간적인 얼굴

많은 비그리스도인들은 예수님을 향한 이 신뢰와 확신이 스스로 하나님의 명령들을 지키려고 노력하는 대신에 그저 예수님께 의존하기만 하는 그리스도인들의 안이한 태도를 보여 준다고 여긴다. 다른 종교에서는 때때로 기독교가 각자 행동에 대한 책임이 자신에게 온전히 있지 않은 듯이 여긴다고 비판하기도 한다. 그러나 이 일에 관해 기독교에서 실제로 믿고 고백하는 바는 이러하다. 하나님이 처음에 이 세상을 창조하셨을 때, 그분은 자신의 뜻대로 만물을 빚으셨다. 하지만 최초의 인간들은 하나님이 그들에게 무엇을 제공하며 또 요구하셨는지를 알면서도 그분께 순종하기를 거부했다.

이로 인해 이 세상에 태어나는 모든 이에게로 퍼져나가는 보편적인 부패의 과정이 시작되었던 것이다. 심지어 갓 태어난 아기도 말하는 법을 배우기 전부터 하나님께로부터 소외된 인간적인 분위기에 접촉하고 그 지배 아래 놓이게 되었다. 지금 우리는 모두 다른 이들의 행실에 깊은 영향을 받으며, 종종 그 결과로 옳은 일을 행하기가 어렵거나 아예 불가능한 상황에 처한다.

실제로 그리스도인들은 온 인류의 자유가 이로 인해 상당한 제약을 받는다고 고백한다. 하나님의 목적은 늘 이 세상 속에 존재하며 뚜렷이 드러나지만, 우리 인간은 그분을 늘 거부하며 무시해 온 이 역사의 감옥에 갇혀 있다. 이것이 바로 사도 바울의 가르침이며, 그리스도인들이 '원죄'

를 언급할 때 의미하는 내용이다. 곧 우리 자신이 무언가를 행하기 전부터 이 세상 속에 이미 들어와 있는 것으로, 하나님의 선하신 목적을 늘 어지럽히고 배신하는 우리의 허물인 것이다.

오직 창조주 하나님만이 그분의 뜻과 본성에 부합하는 방식으로 살아갈 우리의 자유를 회복시키실 수 있다. 그러면 그분은 그 일을 어떻게 행하실까? 하나님이 예수님의 인간적인 생명을 마리아의 태중에 자리 잡게 하셨을 때, 곧 그분 자신의 본질과 속성에 온전히 일치하는 이의 삶을 드러내신 것이다. 예수님의 삶이 신적인 생명력으로 충만했기 때문이다. 그분의 생명 가운데는 하나님 자신의 창조적인 사랑과 무한한 은총이 넘치도록 담겨 있었다.

그리하여 예수님은 하나님의 뜻에 합당하게 살아갈 때 그 삶의 모습이 어떤지를 생생히 보여 주셨던 것이다. 그분이 행하신 일들은 여기서 그치지 않았다. 자신의 존재가 하나님의 선하신 뜻과 본성에 온전히 일치했기에, 예수님은 스스로를 인간들의 거부와 죽음에 내어 줌으로써 하나님과 인류 사이에 있는 사랑의 관계를 다시금 회복시키셨다. 그리스도인들은 예수님이 인간들의 반역과 연약함의 결과로 찾아온 모든 고난을 짊어지고서 십자가에 오르셨음을 고백한다. 그곳에서 그분은 우리의 배신과 허물에 대한 대가를 전부 치르셨다. 예수님이 우리를 향한 깊은 사랑으로 이 고난을 감내하셨기에, 마침내 우리 앞에 변화된 삶의 가능성이 주어졌다.

이제 우리는 더 이상 자신이 하나님을 사랑할 수 없다거나 그분의 뜻에 합당하게 응답할 수 없다는 것 때문에 절망할 필요가 없다. 예수님의 죽으심과 부활을 통해 이 세상 속에 신적인 생명의 숨결이 임했기 때문이다. 그것은 곧 우리가 '성령'으로 지칭하는 변혁적인 사랑의 에너지다. 예수님과 동행하는 삶에 헌신된 이들의 모습 속에서는 이 전례 없는 신적인 사랑의 능력이 그 어디서보다도 뚜렷이 드러나게 된다.

그리스도인들은 우리가 예수님을 신뢰하며 그분께로 나아와서 연합할 때(이는 곧 우리가 그분의 자리에 서서 그분의 음성으로 하나님께 아뢰게 됨을 의미한다), 성령님이 우리에게 하나님의 뜻을 좇아 살아갈 자유를 주신다고 믿는다. 과거에 우리는 결코 자유롭지 못했으니, 당시 우리 앞에 주어졌던 유일한 연대와 교제는 온 인류에게 영향을 미치는 배신과 부조화의 유산에 함께 참여하는 것뿐이었다. 이제 예수님은 새로운 종류의 교제를 창조하셨으며, 곧 인류를 파괴적이고 이기적인 행실로 이끌어 가는 깊은 원죄의 흐름보다 훨씬 더 강한 힘을 지닌 우리와 그분 사이의 관계이다. 바울에 따르

그리스도인들은
우리가 예수님을 신뢰하며
그분께로 나아와서 연합할 때
(이는 곧 우리가 그분의 자리에 서서
그분의 음성으로 하나님께 아뢰게 됨을 의미한다),
성령님이 우리에게 하나님의 뜻을
좇아 살아갈 자유를 주신다고 믿는다.

면 하나의 '새로운 창조'와도 같은 의미를 띠는 것이다. 우리는 모든 일을 다시금 새롭게 시작하는 동시에, 인류가 경쟁적인 이기심과 서로를 향한 두려움에서 구출되었을 때 어떤 모습일지를 공동체적인 삶을 통해 보여 줄 수 있게 되었다.

그리스도인들은 이 일이 정확히 어떻게 이루어지는지를 설명하기가 쉽지 않음을 늘 경험해 왔다. 어떤 이들은 예수님이 우리를 대신해서 죄의 형벌을 받으셨다고 믿으며, 다른 이들은 그분이 스스로를 하나의 제물로 드리셨다고 고백한다. 또 다른 이들은 그분이 사탄에 맞서 승리를 거두시고 그 아래에 잡혀 있던 우리를 풀어 주셨다고 여기기도 한다.

이 일을 설명하는 방식에 단 하나의 정답이 있지는 않으며, 중요한 점은 바로 이것이다. '예수님의 삶 속에서, 온전하고 신적인 사랑이 죄에 매여 그 사랑과 교제하지 못하던 인간 세상 속으로 마침내 뚫고 들어왔다.' 그들은 예수님의 죽으심을 곧 우리 인류를 향한 사랑의 행위로 이해하며, (복음서에서 언급하듯) 그 죽으심을 통해 악한 세력에게 일종의 값을 치르시고 우리를 첫 인류가 지은 죄의 결과로부터 해방하셨다고 말한다. 고대 찬송가의 표현을 빌리자면, 그럼으로써 예수님이 '모든 신자들에게 하늘 왕국의 문을 열어 주셨다'는 것이다.

그리고 하나님이 예수님을 다시 살리셔서 그 제자들을

대면하게 하셨기에, 그리스도인들은 그분의 삶이 그저 지나가 버린 과거의 일에 그치지 않음을 안다. 예수님은 지금도 살아 계시며, 앞으로도 영원히 그러하신 분이다. 그분은 앞서 이 땅의 삶에서 그리하셨듯이, 지금도 우리를 불러 자신과 늘 동행하게 하신다. 예수님은 날마다 그분과 함께하는 복된 친교의 공동체를 창조하시며, 이를 통해 하나님과 조화를 이루면서 새로운 방식으로 살아갈 가능성을 우리에게 베푸신다.

요한복음서의 표현을 빌리자면 그분은 자신을 따르는 이들의 삶 속에 성령의 능력을 '불어넣어' 주시며, 그럼으로써 그들은 하나님과 그분의 길로 다시 이끌림을 받는다. 나아가 복음서들에 따르면, 예수님이 다시 살아나신 날은 '한 주의 첫 날'이다. 그렇기에 그리스도인들은 늘 일요일을 특별한 날로, 부활절을 기독교의 가장 큰 축일로 여겨 왔던 것이다.

이같이 성령을 받은 뒤에도, 그리스도인들은 여전히 자신들에게 주어진 자유에 근거해서 선한 일을 선택하며, 온 몸과 마음을 다해 인간 공동체를 향한 하나님의 목적을 이 세상 앞에 드러내야 한다. 정직과 공평, 긍휼을 실천하는 삶을 살아가야 하는 것이다.

그리고 그들 자신이 예수님과의 교제 속에 거할 때, 성령님이 자신들을 도우셔서 유혹을 분별하는 지혜와 그것에 맞설 힘을 주실 것임을 안다. 이따금 어쩔 수 없이 실패하거나 넘어질 때도, 하나님이 사랑과 용서를 베푸셔서 또 다른 기회를 주실 것임을 신뢰한다. 그리하여 다시금 하나님을 섬기고 예수님의 삶을 본받는 일에 힘쓰며, 그분이 자신들의 마음속에 심어 주신 사랑과 자유에 근거해서 모든 말과 행동이 변화되는 삶을 살아가게 된다.

# 3

# 신학이란 무엇인가

복음을 우리 삶과 연결하는
참된 고리를 부단히 찾는 과정이다

• • • •

우리는 사도행전에 있는 다음의 본문을 살피면서 이 장의 논의를 시작해 보려 한다. 이 본문에는 오순절 예루살렘에서 기독교 공동체가 최초로 생겨난 일에 관한 이야기가 담겨 있다.

> ¹오순절 날이 이미 이르매 그들이 다같이 한 곳에 모였더니 ²홀연히 하늘로부터 급하고 강한 바람 같은 소리가 있어 그들이 앉은 온 집에 가득하며 ³마치 불의 혀처럼 갈라지는 것들이 그들에게 보여 각 사람 위에 하나씩 임하여 있더니 ⁴그들이 다 성령의 충만함을 받고 성령이 말하게 하심을 따라 다른 언어들로 말하기를 시작하니라(행 2:1-4).

이때 주위 군중들의 반응은 어떠했을까? 그들은 놀람과 당혹감에 차서, 서로를 쳐다보면서 이렇게 물었다. "이 일들이 무슨 의미지?" 그리스어 원문을 이렇게 번역할 수도 있다. "대체 무슨 일이 벌어지고 있는 거야?" 물론 냉소적인 이들은 사도들이 밤새도록 술을 마셨음이 분명하다고 반응했다.

당시에 무슨 일이 벌어졌던 것일까? 무언가 새로운 인간적인 경험과 공동체적 유대가 갑자기 세상 속으로 뚫고 들어왔다. 이를 통해 제자들은 낯선 이방인들과 그들의 모국어로 소통하게 되었던 것이다. 이 오순절 첫날에 벌어진 일이 정확히 무엇이었든지 간에, 그날의 사건에 관해 사람들의 기억에 남은 일은 바로 갑자기 내부자들이 외부자들에게 말을 건넬 수 있게 되었으며, 양쪽을 가로막던 장벽이 큰 소리와 함께 무너져 내렸다는 것이었다. 무언가 새로운 일, 일종의 새로운 연결 고리가 생겨났던 것이다.

이 일에 담긴 의미는 과연 무엇이었을까? 우리는 그저 '그것 참 신기하네!'라는 식으로 가볍게 생각하고 넘어갈 수 없다. 우리는 지성을 부여 받은 인간이기에, 그 의미를 찬찬히 숙고하고 또 함께 나누어야 한다. 그렇기에 오순절 당시에도, 예수님의 친밀한 제자 중 하나였던 베드로가 자리에서 일어나서 그 일의 의미를 자세히 선포했다. 이를테면 그는 최초의 '신학화' 작업을 수행했던 것이다.

그는 주위의 사람들을 향해 이런 식으로 말을 건넸다. "자, 지금 여기서 무슨 일이 벌어지는 것일까요? 이 일의 의미가 무엇이며 여러분의 삶과 어떻게 연관되는지를 제가 알려 드리겠습니다." 그리고 그는 주님의 숨결이 그분께 속한 백성의 삶과 언행 속에 부어지는 일에 관한 히브리 성경의 비전들이 어떻게 어느 날 일종의 보편적인 방식으로 성취될 것인지를 언급했다. 곧 베드로는 그날에 이루어진 일의 의미를 설명하기 위해 하나의 이야기를 진술하고 그 이야기와 주위에 있던 청중 사이의 연관성을 제시했던 것이다.

물론 이 현상에는 또 다른 측면 역시 존재한다. 이는 곧 현실 세계에서 별다른 일이 벌어지지 않는다면, 신학적 논의의 영역에서도 그러하다는 것이다. 실제로 많은 일들이 벌어질 때에는 신학적 담론들이 홍수처럼 쏟아져 나오며, 그렇기에 교회의 초창기에는 무수한 논의들이 있었던 것이다. 때로 이 논의들은 상당히 혼란스럽게 여겨질 수 있지만, 이는 그 당시에 실제로 많은 일들이 벌어졌기 때문이다. 그 시대의 사람들은 자신들의 우주가 계속 확장되고 있으며, 자신들이 더 많은 사실을 파악하고 그 의미와 연관성을 헤아려 보아야 한다는 것을 감지하고 있었다.

그렇기에 우리가 신약 성경과 기독교 초창기의 수백 년 간에 속한 여러 문헌에서 접하게 되는 신학은 일종의 프리젠테이션 자료처럼 깔끔하게 정돈된 요점들로 구성되어 있지 않다. 그보다는 많은 이들이 함께 머리를 맞대고서 의논하거나 종종 열띤 논쟁을 벌이면서, "정말 그게 말이 돼?"라고 반문하는 쪽에 가깝다. 이때 그들은 잠시 그 답을 알아

실제로 많은 일들이 벌어질 때에는
신학적 담론이 홍수처럼 쏟아져 나온다.
그렇기에 기독교회의 초창기에는
무수한 논의들이 있었으며,
때로 이 논의들은 상당히 혼란스럽게
여겨질 수 있다.

냈다고 여기다가 그렇지 않음을 깨닫고는 논의를 재개하는 과정을 계속 이어 가는 것이다.

예를 들어, 사도 바울이 글을 쓰는 방식이 바로 그러했다. 여기서 우리는 그 자신이 신약 성경을 기록하고 있다는 사실을 미처 알지 못했음을 기억할 필요가 있다. 물론 그가 각 교회에 보내는 서신들의 작성 과정에서 성령의 영감을 입은 것은 분명하다. 하지만 그가 매일 자신의 펜을 집어들거나 조수에게 편지 내용을 구술하면서 이렇게 생각하지는 않았으리라는 것이다. '오늘도 신약 성경의 한 장을 집필해야지.' 그렇지 않다. 아마 그는 그저 자리에 앉아서 잠시 기도하고 생각한 뒤, 마음속에 떠오르는 메시지를 신속하게 써내려 가거나 받아 적게 했을 것이다.

이때 그 결과물의 일부는 놀라울 정도로 명료하고 심오하며 시적인 성격을 띠고 있었다. 다른 일부분은 그저 자신의 노력과 고뇌를 반영하는 것들이었으며, 때때로 독자들은 그가 오히려 사안을 더 골치 아프게 만들 위험에 처해 있다고 느낀다. 예를 들어 고린도전서의 한 유명한 본문에서, 바울은 여성들이 교회에서 자기 머리를 가려야 하는 이유를 다루고 있다. 그는 이 문제에 관해 다소 장황하고 복잡하게 논의한 뒤, 상당히 짜증이 난 듯한 태도로 이렇게 결론 짓는다. "여하튼 우리는 그렇게 하지 않습니다." 그러고는 다른 주제로 얼른 넘어갔다. 우리의 신학이 그 모습을 갖춰 갈 때도 종종 이런 특징을 띠곤 한다. 곧 어떤 사안에 관해 다양한 질문이 제기되는 한편, 깔끔하게 정돈된 답들이 주어지지는 않는 것이다. 하지만 여전히 지금 벌어지는 일들의 의미를 바르게 파악해 보려는 시도의 일부분이다. 만약 그 일들이 어지럽고도 풍성하며 당혹스럽고도 매력적인 성격을 띠지 않았다면, 그 일에 관해 할 말이 별로 없었을 것이다.

이제 사도행전에서 언급되는 또 하나의 일화를 살펴보자. 초창기 교회가 지중해 동부의 지역 공동체들 가운데 퍼져 나간 일에 관한 기록으로, 19장의 첫 부분에 담겨 있다.

> [1]아볼로가 고린도에 있을 때에 바울이 윗지방으로 다녀 에베소에 와서 어떤 제자들을 만나 [2]이르되 너희가 믿을 때에 성령을 받았느냐 이르되 아니라 우리는 성령이 계심도 듣지 못하였노라 [3]바울이 이르되 그러면 너희가 무슨 세례를 받았느냐 대답하되 요한의 세례니라 [4]바울이 이르되 요한이 회개의 세례를 베풀며 백성에게 말하되 내 뒤에 오시는 이를 믿으라 하였으니 이는 곧 예수라 하거늘 [5]그들이 듣고 주 예수의 이름으로 세례를 받으니 [6]바울이 그들에게 안수하매 성령이 그들에게 임하시므로 방언도 하고 예언도 하니 (행 19:1-6).

바울은 이 신자들에게 별다른 일이 일어나지 않고 있음을 파악했던 듯하다. 앞서 그들은 일종의 세례를 받았으며, 이는 복음서에서 세례 요한이 행했던 씻음의 예식과 상당히 비슷했다. 이는 곧 자신의 죄와 실패를 엄숙히 시인하고, 모든 것을 새롭게 시작하는 일에 다시금 헌신하는 예식이었던 것이다. 그들은 용서의 필요성을 인정함과 동시에 하나님이 자신들을 돌이켜 주시기를 바라면서 각자의 삶을 가지고 그분 앞에 나아왔다.

하지만 복음의 관점에서 살필 때, 그것만으로는 충분하지 않은 부분이 있었다('그것 말고는 또 보이는 것이 없는가?'). 그들의 삶 속에서 근본적인 변화로 여겨지는 것은 아직 드러나지 않았으니, 이는 그들이 여전히 성령으로 변화된 상태에 있지 않았기 때문이었다. 마침내 이 일이 시작되어 그들 자신과 주위 세상이 미처 헤아리기 힘든 방식으로 변화될 시점이 임했을 때, 그들에게는 성령님께 속한 새 언어를 사용할 필요성이 생겨났다. 그러므로 바울은 그들을 찾아와서 이렇게 가르쳤던 것이다. "지금부터 무언가 새로운 일이 나타날 것입니다. 그것은 실로 철저한 변화이기에, 이제 여러분은 성령님에 관해 이야기할 필요를 느끼게 될 것입니다."

## 새로운 연결 고리들을 형성하기

여기서 우리 앞에 놓인 첫 번째 신학적 질문은 바로 이것이다. '지금 이곳에서 대체 무슨 일이 벌어지는 것인가?' 우리의 신학은 바로 그 질문에서 유래하며, 이 질문을 차분히 숙고할 때 우리 삶 속에서 새로운 연결 고리들이 형성되는 동시에 새 세상의 거대한 지도들이 조금씩 그 모양을 갖추어 가게 된다.

내가 보기에, 신약 성경에서 신학이 작동하는 방식의 핵심에는 일종의 본질적인 '변혁'이 자리 잡고 있다. 복음이 전파될 때 사람들의 삶이 달라지고 그 지평이 확장되며, 그렇기에 바울이 새로운 피조물 됨에 관해 언급하는 것도 놀라운 일이 아니다. 누군가가 예수 그리스도 안에서 새롭게 소생할 때, 이는 마치 그의 삶에서 하나님의 창조가 처음부터 다시 시작된 것과 같기 때문이다. 그리고 바울은 이 변화의 본질과 규모를 적절히 이해하고 표현하기 위해 계속 노력하고 있다.

우리는 기독교 초창기에 그 연결 고리들이 어떻게 형성되기 시작했으며, 당시 사람들이 어떤 종류의 변화와 씨름했는지를 어느 정도 헤아려 볼 수 있다. 최초의 그리스도인들은 새로운 종류의 기도, 곧 하나님과 대화를 나누는 하나의 신선한 방식에 압도되고 몰입했던 것으로 보인다. 여러 서신에서, 바울은 이 기도의 핵심이 하나님을 우리의 '아버지'로 부르게 된 일에 있음을 언급한다. 이제 우리는 그분과 더불어 이전에 미처 기대하지 못했던 방식으로 일종의 친밀한 가족 관계를 누리게 된 것이다. 신약에서 제시되는 모든 기도와 찬양의 토대에는 우리와 하나님 사이의 관계를 바라보고 경험하는 방식에 관한 이 기본적인 깨달음이 자리 잡고 있다. 그러므로 바울은 성령님께 속한 삶의 본질을 규정할 때, 늘 이런 식의 진술로 되돌아오곤 한다.

그런데 이 변화는 어떻게 생겨나는 것일까? 그 일은 나사렛 예수님의 삶과 죽음, 부활과의 연관성 가운데서 이루어진다. 예수님은 바울과 같은 세대에 속한 인물로서, 아마도 몇 살 위였을 것이다. 그분은 당시 사람들의 기억 속에 여전히 자리 잡고 있었으며, 어떤 식으로든 온 세상이 이전과는 달라 보이게 만드신 분이었다. 그 차이점의 일부분은 바로 자신의 말을 듣고 따르는 이들에게 아버지 하나님과 교제하는 하나의 새로운 방식을 열어 주신 데서 오는 것이었다.

이것은 우리에게 상당히 고된 과제를 안겨 주는 논의의 시작점이 된다. 모든 떠돌이 랍비나 이적을 행하는 이들이 우주를 바라보는 우리의 관점 자체를 바꿔 놓는 것은 아니다. 그렇기에 나사렛 예수님에 관해 언급할 때, 그저 '상당히 놀라운 인물이었다'거나 '이제 우리 곁에 계시지 않는 것은 애석한 일이다' 외에 무언가 더 충분한 설명을 찾아야만 한다. 그런데 우리는 이 일에 관해 얼마나 더 많은 것을 이야기할 수 있으며, 그 근거 자료들은 어디서 발견할 수 있을까?

여기서 바울은 신약의 다른 저자들과 마찬가지로 기존의 경험적인 경계를 확장하면서 새로운 연결 고리들을 구축하기 시작한다. 그에 따르면, 우리가 체험하는 삶의 소생과 변혁, 우주의 갱신은 모두 예수님 주위에서 일어난 일들과 신비롭게 연관되어 있다. 이 가운데는 그분의 처형과 이후의 사건들이 포함되어 있다. 그분의 사후에 있었던 몇 차례의 심오하고도 혼란스러운 만남을 통해 예수님의 벗들은 그분이 더 이상 죽은 채로 계시지 않으며 앞으로도 그러하실 것임을 확신하게 되었다. 여기서 예수님이 다시 살아나신 일의 의미는 그저 그분의 개인적인 삶의 차원에 머무는 것이 아니었다. 오히려 그 부활을 통해, 하나님의 새 생명이 온 세상에 넘쳐 흐르게 되었던 것이다.

바울을 비롯한 신약의 저자들은 이렇듯 온 세상에 새 생명이 충만하게 임한 일을 거룩한 영의 사역으로 묘사하고 있다. 예수님의 삶과 죽음, 부활이 의미하는 바는 그 영의 도래와 서로 분리될 수 없다는 것이다. 그런데 이 거룩한 영이 진실로 하나님의 영이라면, 예수님을 둘러싼 질문들은 한층 더 복잡해진다. 여기에 하나님께 속한 생명의 숨결을 온 세상에 퍼뜨리는 한 사람이 있다. 따라서 우리가 그분을 어떻게 보든 간에, 그분을 그저 오래 전에 생존했다가 세상을 떠난 한 흥미로운 인물로만 여기기는 어렵다.

고린도전서의 시작 부분에서, 바울은 다음과 같이 언급하면서 기존 관념의 경계들을 확장시킨다. "우리는 십자가에 못 박힌 그리스도를 전하니 유대인에게는 거리끼는 것이요 이방인에게는 미련한 것이로되 오직 부르심을 받은 자들에게는 유대인이나 헬라인이나 그리스도는 하나님의 능력이요 하나님의 지혜니라"(고전 1:23-24).

나아가 그는 고린도후서에서 예수님의 영광에 관해 이렇게 기록하고 있다. "영광되었던 것이 더 큰 영광으로 말미암아 이에 영광될 것이 없으나 없어질 것도 영광으로 말미암았은즉 길이 있을 것은 더욱 영광 가운데 있느니라"(고후 3:10-11).

그는 곧이어 다음의 위대한 이미지로 나아간다. "어두운 데에 빛이 비치라 말씀하셨던 그 하나님께서 예수 그리스도의 얼굴에 있는 하나님의 영광을 아는 빛을 우리 마음에 비추셨느니라"(고후 4:6).

이제 이 모든 구절들은 예수님 안에서 하나님의 영광과 압도적인 광휘가 드러나고 있음을 의미한다. 나아가 그 영광과 광휘는 단순히 그분 안에서 나타나는 데 그치지 않고, 완전하고도 지속적인 방식으로 그분 안에 머물고 있다. 사실상 그분의 존재 자체가 그것들의 거처인 것이다. 후에 기록된 에베소서와 골로새서에서도 기존 관념의 경계가 한층 더 확장되는 모습을 볼 수 있다.

만약 예수님의 삶 속에 하나님의 영광이 일상적으로 머물렀으며 그분의 존재가 하나님과 긴밀히 연합되어 있어서 양쪽의 일들을 서로 명확히 구분 짓기 어렵다면, 이는 대략 바울 자신과 비슷한 연령대에 속한 이로서 그의 기억 속에 남았던 한 인물이 온 세상을 창조하신 그 신적인 사랑의 구현자이자 통로였음을 의미한다. 그렇기에 그분은 만물의 시작과 밀접히 연관되어 있으며, 그분을 신뢰하며 그분과 동행하려고 노력하는 모든 이들의 삶에서 드러나는 새로운 시작, 곧 새 창조와도 깊이 결부되어 있다.

여기서 바울은 예수님을 믿고 따른 결과로 일어나는 우리 삶의 변화와 무(無)로부터 무언가가 생겨나는 (문자적으로 상상하기 힘든) 태초의 변화 사이에 강력한 연결 고리를 구축하는 듯이 보인다. 새 창조, 곧 신앙이 열어 주는 우리 삶의 새 지평은 예수님 안에서 이 세상 만물의 시작과 밀접히 연관되어 있다. 당시 하나님은 자신이 아닌 다른 무언가가 존재할 것을 말씀으로 선포하셨으며, 그리하여 온 세상 만물이 그분의 영원한 사랑을 누리면서 기쁨과 아름다움 속에 거하기를 뜻하셨던 것이다.

신학의 본질은 이처럼 담대한 상상력을 동원해서 하나님이 행하신 일들 사이에 일종의 연결 고리를 구축하는 일에 있다. 신학은 우리의 신앙이 소생할 때 어떤 일이 벌어지는지에 관한 질문을 숙고하며, 복음의 핵심 이야기가 지니는 함의들을 깊이 탐구함으로써 그 질문에 답하고자 한다. 일부 신학서들의 경우, 기독교 초창기의 삼사백 년 동안 벌어진 일은 그저 시간이 남아도는 몇몇 인물이 예수님에 관해 온갖 복잡한 이론을 만들어 낸 것뿐이었다고 여기는 듯한 인상을 줄 수 있다. 당시 그들이 점점 더 추상적인 사고 패턴과 전문 용어들을 고안해 냈을 뿐이라는 것이다. 그래서 성경의 단순한 언어로 돌아가야 한다고 주장하는 이들도 있었다.

하지만 여기서 언급해야 할 불편한 진실은 바로 그 성경의 '단순한 언어'가 그들의 기대만큼 단순한 경우는 극히 드물며, 오히려 그 언어가 우리를 더 크고 중요한 질문들로 인도해 간다는 데 있다. 이때 우리는 그저 그 사유의 흐름을 잠시 멈추고 이렇게 단언할 수 없다. "자, 이제 생각은 할 만

불편한 진실은 바로
그 성경의 '단순한 언어'가
그들의 기대만큼 단순한 경우는 극히 드물며,
오히려 그 언어가 우리를
더 크고 중요한 질문들로
인도해 간다는 데 있다.

큼 했어." 우리는 이 신학적 사유를 마치 '생각 자체를 위한 생각', 곧 일종의 게으른 이론화 작업으로 여길 수 없다. 오히려 신학을 곧 '기독교를 바르게 헤아리려는 부단한 노력의 과정'으로 받아들이는 편이 더 낫다.

우리 자신의 삶을 제대로 이해하려 애쓸 때, 그것은 일종의 이론적인 문제에 그치지 않는다. 오히려 그 일은 우리가 그것에 근거해서 살아갈 수 있는 자기 삶과 세상의 참모습을 파악하며, 우리가 어디에 속하며 그 일은 어떻게 이루어지는지를 헤아리는 일과 더 밀접히 연관된다. 이는 신학적 기획의 경우에도 마찬가지다. 하나의 이론이나 사변적인 추론에 그치지 않고, 새로운 경험의 틀 아래서 우리가 어떤 존재로서 어디에 속할 수 있는지를 발견해 가는 작업이기 때문이다.

결국 성경의 '단순한 언어' 속에 담긴 것은 다양한 주제들에 관한 바울의 복잡한 권면뿐만이 아니다. 그 속에는 놀랍고도 탁월한 요한복음의 도입부 역시 포함되어 있으며, 그 본문에서는 만물의 시작과 그리스도 안에 있는 새 생명 사이의 연관성이 고요하고도 장엄하게 전개되어 간다.

[1]태초에 말씀이 계시니라 이 말씀이 하나님과 함께 계셨으니 이 말씀은 곧 하나님이시니라 [2]그가 태초에 하

나님과 함께 계셨고 ³만물이 그로 말미암아 지은 바 되었으니 지은 것이 하나도 그가 없이는 된 것이 없느니라 ⁴그 안에 생명이 있었으니 이 생명은 사람들의 ⁵빛이라 빛이 어둠에 비치되 어둠이 깨닫지 못하더라(요 1:1-5).

몇 구절 아래서는 이렇게 언급된다. "말씀이 육신이 되어 우리 가운데 거하시매 우리가 그의 영광을 보니 아버지의 독생자의 영광이요 은혜와 진리가 충만하더라"(요 1:14). 이 구절은 간결한 표현들을 써서 하나님의 거대한 진리들을 놀랍도록 차분하면서도 유려하게 서술하고 있으며, 바울의 풍성한 은유와 직유들은 바로 이 지점을 향해 우리를 인도해 간다. 이 구절에서, 우리가 예수님을 바라보는 것은 곧 온 세상이 그 안에서 하나로 결합되게 하시는 신적인 능력과 에너지를 목도하는 일임을 깨닫게 된다. 한 걸음 더 나아가서 그분 앞에 마음을 열 때, 하나님의 숨결이 그 안에서 불어오는 일을 체험하게 되는 것이다.

우리가 추구하는 신학의 핵심은 바로 여기에 있다.

# 4
# 왜 교회가 중요한가

교회는 성도들이
서로의 삶에 책임지며
은총의 열매를 맺게 한다

지난 장에서, 우리는 그리스도인들의 관점에서 신학이 어떻게 최초의 추진력을 얻게 되는지를 살폈다. 신학의 출발점은 예수님과 성령님 사이의 연관성과 그 이유를 더 깊이 사유해야 한다는 압력에서 유래하며, 이 사유는 인간의 정체성과 본질에 관한 새로운 인식과 함께 이루어진다. 이제까지 신학의 핵심 이슈 중 하나가 거룩한 삼위일체, 곧 성부와 성자, 성령 하나님에 관한 교리였으며 앞으로도 그러할 이유도 바로 여기에 있다.

그리스도인들이 인도함을 받는 새로운 세계에서 우리는 예수님께 의지해서 하나님을 '아버지'로 부르며, 이 일은 우리 안에 전달되는 하나님의 영이 친히 행하시는 일로 이해될 수 있다. 그렇기에 삼위일체의 교리는 그저 교과서에서나 찾아볼 수 있는 가르침, 곧 신학적인 괴짜들만이 깊이 몰입하고 파헤칠 일종의 전문 영역이 아니다. 오히려 우리 그리스도인들의 관점에서, 그 교리는 우리 자신의 정체성과 이 세계의 본질에 밀접히 연관되어 있다. 우리는 스스로를 이 삼위일체의 신비, 곧 성부와 성자, 성령의 돌보심 가운데서 살아가는 이들로 간주한다.

기독교 신학은 그 위대한 신적인 생명력이 우리 주위에서 전개되는 우주, 곧 성부가 사랑을 베푸시고 성자가 성부께 그 사랑을 돌려드리며 성령이 그 신적인 숨결로써 온 세상을 가득 채우시는 그 우주 가운데서 우리 자신의 위치가 어디인지를 찾아내는 일과 연관되어 있다. 그 과업의 목적은 우리의 참되고 지속적인 거처가 어디인지를 알아내는 데 있는 것이다.

물론 신학의 기능은 여기서 그치지 않는다. 이제 우리는 새로운 세계로 들어섰으며, 새로운 준거의 틀과 변화된 지평 안에 있다. 우리는 그저 하나의 흥미로운 경험을 공유하는 많은 수의 개개인들로서 이 환경 속에 놓여 있는 것이 아니다. 다양한 방식으로 새로운 연결 고리가 형성되는 이 세계에서 사람들 간의 관계는 실로 깊고도 예외적인 성격을 띠기에, 어쩌다 같은 곳에 머물게 된 개인들의 교류 정도로 축소해 버릴 수가 없다. 오히려 그들 서로의 연관성은 훨씬 더 심오한 성격을 띠는 것으로 보인다. 이 새로운 세상과 창조에 속한 공동체에서, 사람들은 매우 심원한 방식으로 서로에게 늘 의존하고 있다.

물론 이런 공동체의 모델은 우리에게 달갑지 않은 충격을 줄 수 있다. 고대 세계에서는 분명히 그러했고, 오늘날에도 그런 모델이 그리 바람직해 보이지 않을 것이다. 이제까지 최대한의 독립성을 유지하는 상태를 이상적인 인간상으로 간주해 왔다면, 여러분은 심각한 문제를 겪게 된다. 여러분이 그리스도인일 경우, 주위 사람들에게 깊이 의존하는 삶을 살아가야 하기 때문이다. 과연 하나님은 그분의 영이자 예수님의 영이신 성령님을 우리 삶 속에 어떻게 불어넣어 주실까? 그분은 우리 옆에 있는 이들의 수고와 증언을 통해 그 일을 행하시며, 우리 역시 그들을 위한 사역의 통로로 활용하신다.

초대 교회뿐 아니라 현대 교회에서도, 우리 곁에 있는 이들은 우리 자신이 기꺼이 선택하기를 원했던 이들이 아닐 수 있다. 예상치 못한 이들이 우리 삶 속에 하나님의 영을 불어넣고 우리를 더욱 생생하고 충만한 그분의 임재 가운데로 인도하는 통로로 쓰임 받는 것을 보면서 상당히 놀랄 것이다. 여기서도 미처 예기치 못했던 방식, 전례가 없는 방식으로 하나님을 대면하는 새롭고 도전적인 경험들을 직면하게 된다. 그리하여 다시금 신학적인 사유 작업이 시작되는 것이다.

당시에 생겨나던 신앙 공동체들의 다양성과 복잡성을 생각하면서, 바울은 이 모임들(우리가 '교회'로 번역하는 그리스어 단어는 원래 일종의 회합, 곧 함께 무언가를 의논하거나 어떤 일을 행하기 위해 소집된 사람들의 무리를 지칭했다)에서 벌어지는 일들이 그저

이제까지 최대한의 독립성을 유지하는 상태를
이상적인 인간상으로 간주해 왔다면,
여러분은 심각한 문제를 겪게 된다.
이는 여러분이 그리스도인일 경우,
주위 사람들에게 깊이 의존하는 삶을
살아가야 하기 때문이다.

유사한 가치관을 지닌 개인이나 특정 종교 단체의 회원들이 함께 모이는 것 이상의 의미를 지님이 분명하다고 결론 지었다. 그는 인체의 여러 부분에 관한 비유를 통해 이런 자신의 생각을 서술하고 있다.

바울에 따르면, 우리의 몸은 손과 발, 위장 등의 대표자들이 한 자리에 둘러앉아 공통의 관심사를 논의하는 일종의 위원회 같은 것이 아니다. 만약 그렇다면 그들 중 누군가가 자리를 비우더라도 여전히 논의가 이어질 것이다. 곧 위장의 이익을 대변하도록 위임 받은 이가 일어서서 회의장을 나가버려도, 손과 발 사이의 협상은 계속되는 것이다. 하지만 실제로 생명력을 지닌 유기체들의 활동 방식은 그렇지 않다.

이런 바울의 말을 약간 바꿔서 말하자면, 내가 감기에 걸릴 때는 내 코뿐만 아니라 나 자신이 그 병을 겪는 것이다. 심장마비가 올 때도, 가슴속의 한 장기뿐만이 아니라 나 자신이 그 문제에 직면하는 것이다. 이처럼 신체는 모든 부분이 다른 모든 부분에 영향을 미친다. 그래서 기독교 공동체의 지체가 되는 일은 누군가가 자리를 비워도 별 탈 없이 자신들의 과업을 이어 갈 수 있는 집단의 일원이 되는 일과 같지 않다. 만약 우리 몸의 일부가 사라지거나 그 기능을 멈춘다면, 우리는 그 사실을 즉시 알아차릴 것이다. 이를테면 바울의 표현처럼 우리 몸의 한 기관이 "나는 다른 기관들이 없이도 완벽하게 잘 지낼 수 있어"라고 장담할 경우, 그 말의 허점이 이내 드러난다.

그러면 그리스도인들은 서로의 공동 생활을 어떻게 생각하고 받아들여야 할까? 성령의 은사들이 우리를 깊은 상호 의존의 관계 속에서 하나로 결합시키는 방식들을 어떻게 이해할 수 있을까? 이것들 역시 우리의 신학적 관심사에 속한 질문들이다.

이 물음들을 숙고하는 과정에서, 우리는 성령의 사역 안에서 신자들이 서로 영향을 주고받는 패턴이 마치 인체의 혈액 순환과도 같은 성격을 띤다는 것을 조금씩 이해하게 된다. 이때 우리는 고린도후서의 끝부분에서 바울이 성령의 '교제' 또는 '친교'로 지칭하는 신자들의 공동체를 인식하는 것이다. 바울이 그 본문에서 쓴 그리스어 단어 '코이노니아'(koinonia)는 매우 강력한 함의를 지닌 것으로서, 일종의 '공동성'(in-commonness)을 의미한다. 이는 곧 성령의 인도 아래서 서로의 삶에 긴밀히 관여하며 함께하는 상태를 나타낸다.

그러므로 예수님의 정체성과 성령의 사역 방식에 대한 이 신학 작업을 통해 교회의 참모습을 더 깊이 이해할 수 있다. 교회는 일차적으로 하나의 제도적인 기관이 아니라, 새로운 생명을 주고받는 사람들의 인격적인 공동체다. 그러나 지금의 상황에서 누군가가 '교회'라는 단어를 언급할 때, 마음속에 떠오르는 이미지는 뾰족한 첨탑과 스테인드 글라스, 또는 깊은 불안감에 시달리거나 까다롭고 비판적인 사람들의 모습뿐일 수 있다. 그렇기에 우리는 그 당시에 바울이 예외적인 단어를 찾아 쓰게 만들었던 그 새로운 공동 생활의 경험에 대한 감각을 되찾을 필요가 있다.

그는 서로의 삶을 함께 책임지도록 부름받은 사람들의 모임을 지칭하는 데 쓰일 법한 단어를 찾고 있었으며, 이를 위해 당시 로마 제국의 지역 공동체들에서 시민들의 공적인 회합을 언급하는 데 종종 사용되었던 한 표현을 채택했다. 이제 그 단어는 단순히 공동의 정책과 규율을 마련하는 일련의 사람들을 가리킬 뿐 아니라, 서로에게 진심으로 의존하면서 하나님께 속한 은총의 열매들을 자신들의 삶 속에서 구체적으로 드러내려 했던 사람들을 지칭하는 데도 쓰이게 되었다. 이런 그들의 실천은 곧 그분의 사랑과 그로부터 유래하는 자유를 함께 나눔으로써 이루어졌다.

나아가 우리는 바울이 어떻게 이 개념에 근거해서 기독교적인 도덕의 과업 전체를 다루는지를 살필 필요가 있다. 그는 기독교적인 행실을 그저 '하늘에서 내려 온 규칙들'의 관점에서 논할 수 있다고 여기지 않는 듯하다. 오히려 바울은 우리 삶의 기본 실재가 상호적인 주고받음, 곧 하나님의 뜻에 귀 기울이며 그분의 본성과 목적에 부합하는 일들을 실천할 자유를 서로의 삶 속에서 더 깊이 함양해 나갈 때 어떤 모습일지를 신자들에게 일깨우려 한다.

마침내 신자들은 관용과 정의나 신실한 결혼 생활, 사람들에게 잊히고 소외된 이들을 돌보는 일이나 분열과 당짓기, 그리고 서로에게 적대적인 말들을 퍼부으려는 유혹에 끊임없이 저항할 필요성을 깨닫는다. 이러한 온갖 문제에 관해 그가 언급하는 내용은 모두 신자들이 이같이 유기적인 방식으로 결합되는 일, 곧 모든 부분이 그 전체의 삶에 참여하는 하나의 몸을 이루는 일에 담긴 의미와 밀접히 연관된다. 이 기독교의 도덕성은 우리가 교회로서 하나의 참된 몸을 이루어 살아가는 일의 의미를 실제로 드러내는 일과 결부되는 것이다.

여기서 '교회'로 지칭되는 어떤 별개의 실체가 우리 각 사람의 의무를 규정해 주는 것이 아니다(이는 교황과 주교들로 구성된 '가르치는 교회'와 평신도들로 구성된 '듣는 교회'를 구분하는 가톨릭의 입장을 지칭한다-역주). 오히려 어떤 행실이 교회 공동체의 참 모습을 드러내거나 그렇지 않은지를 헤아리고 나타내는 일은 하나의 보편적인 교회를 이루는 우리 자신에게 달려 있다.

이제 이 일에 관해서는 이 책의 마지막 장에서 더 자세히 다룰 것이다. 다만 여기서는 교회에 속한 삶의 참 모습을 드러내는 일의 두 가지 핵심 요소를 추가로 간략히 논해 보려 한다. '성례'로 지칭하는 일들 가운데서 가장 중요한 두 가지 활동인 세례와 성찬이다.

## 성례들: 세례와 성찬

기독교의 모든 공예배에서는 하나님이 그분의 성령을 주셔서 우리가 기름 부음 받은 왕('그리스도'라는 호칭의 의미는 바로 여기에 있다)이신 예수님의 사랑과 능력을 힘입어 살아갈 수 있게 하신 일에 대한 감사를 무엇보다 먼저 표현한다. 우리가 이 예배에 온전히 참여할 자격은 세례를 통해 주어지는데, 이는 원래 단순히 '물에 적셔지는 일'을 뜻하는 단어였다.

기독교의 가르침에 따르면, 누군가에게 성부와 성자, 성령의 이름으로 물이 부어질 때 자아와 두려움, 경쟁과 망상에 사로잡혀 살아온 그들의 옛 삶이 끝나고 성령께 속한 새 삶이 시작된다. 초창기의 기독교 공동체에서, 이렇게 세례를 받는 이들은 주로 예수님을 향한 믿음을 받아들인 성인 남녀였다. 그러다가 그 공동체가 더욱 성장하고 확산되며 각 가정의 자녀들이 믿음으로 양육을 받으면서, 어린아이들이 세례를 받는 일이 더욱 많아졌다. 많은 교회들에 주교가 집전하는 또 다른 의식인 견진례가 있는데, 이는 그 세례의 효력을 완성하거나 확증하는 것으로 여겨진다(다만 이 성례의 정확한 의미에 관해서는 일부 견해차가 있다).

또 거의 모든 기독교 공동체에서는 함께 모여 떡과 포도주를 먹고 마시는 예식을 거행한다. 이 예식은 '성찬'으로 불리며, 때로는 '감사 성찬례'(Eucharist, 이는 '감사'를 뜻하는 그리스어에서 유래했다)나 '미사'(Mass, 이는 '어떤 일을 행하도록 누군가를 파송하는 것'을 뜻하는 라틴어에서 유래했다)로 지칭되기도 한다. 많은 교회들은 매일 이 예식을 수행하며, 그렇지 않더라도 적어도 매주 한 번은 그리하는 경우가 대부분이다. 이 예식은 예수님이 체포되어 처형되기 전날 밤에 제자들과 최후의 식사를 나누셨던 일에 기원을 두고 있다. 이때 그분은 식탁 위의 떡과 포도주를 들고 축복하면서, 그것들을 자신의 몸과 피로 선언하셨던 것이다.

사람들은 이런 예수님의 표현 방식을 종종 기이하거나 충격적인 것으로 여겨 왔다. 그러나 우리는 그 말씀의 의미를 성경 전체의 맥락에서 헤아려 보아야 한다. 고대 이스라엘의 선지자들은 하나님이 어떤 일을 행하실 것임을 보여주는 상징적인 행위들을 수행하곤 했다. 이와 마찬가지로, 예수님도 그 만찬 시에 떡을 떼고 포도주를 나누면서 일종의 예언적인 행위를 드러내셨다. 그날 밤에 떡을 떼어 함께 나눈 일은 그분이 고난 당할 때 그분의 몸이 겪게 될 일을 보여 준 것이고 포도주를 부어 따르신 일은 그분의 피를 쏟으실 일을 상징하는 것이었다. 이 예수님의 고난 가운데서, 하나님은 인간들을 이전의 속박에서 해방하시는 동시에 그분께 속한 백성과의 언약, 곧 그들과 늘 함께하겠다는 자신의 약속을 새롭게 하셨다. 그리하여 예수님 자신의 고난과 죽음을 통해 성취하신 일은 곧 그분의 벗인 우리를 위한 참된 양식과 음료가 되었다. 이는 우리에게 온전한 생명과 능력을 가져다주는 하나의 자양분과 같았다.

그러므로 최후의 만찬에서 예수님이 행하신 이 예언적인 행위를 기억하면서 한데 모여 그분의 이름으로 떡과 포도주를 나눌 때, 이는 하나님의 생명을 우리의 마음과 삶 속에 새롭게 전달하는 하나의 통로 역할을 한다. 그리고 이때 우리는 그분의 약속들을 지키시는 하나님의 신실하심을 새삼 되새기게 되는 것이다. 예수님 자신의 살과 피에 하나님의 능력과 성령이 임하여 역사했듯이, 우리가 그분을 기억하면서 함께 나누는 이 떡과 포도주에도 동일한 능력과 성령이 임하여 역사하신다. 그날 밤 예루살렘의 식사 때 예수

예수님 자신의 살과 피에
하나님의 능력과 성령이 임하여 역사했듯이,
우리가 그분을 기억하면서
함께 나누는 떡과 포도주에도
동일한 능력과 성령이 임하여 역사하신다.

님의 살과 피가 신적인 생명력과 은사들로 충만했듯이, 지금 우리가 먹고 나누는 이 떡과 포도주 역시 그러한 것이다.

이 핵심 사상 주위에는 여러 다른 이미지와 개념들이 자리 잡고 있다. 이 식사는 하나님이 자신들을 애굽의 노예 상태에서 건져 내신 일을 기리면서 양의 고기를 먹는 유대인들의 유월절 식사에 대한 일종의 기독교적 변형으로 여겨진다. 이 식사는 하나님과 인간 사이의 친교를 회복하기 위한 제사 이후에 나눈 그 백성의 식사나, 하나님의 용서와 환대를 보여 주기 위해 예수님이 당시의 죄인 또는 버려진 자들과 함께 나누셨던 식사와도 비슷하다. 나아가 이 식사는 누가복음과 요한복음에서 부활 이후에 예수님이 제자들과 함께 나누셨던 그 식사들과도 유사한 성격을 띤다.

성찬의 자리는 기도를 필요로 하는 모든 이들을 위한 기도가 드려지는 곳이기도 하다. 성찬 때 우리는 특히 예수님 앞에 가까이 나아가므로, 우리의 기도를 그분 자신의 기도에 결합시키기에 알맞은 시기가 된다. 많은 이들은 바로 이곳에서 우리가 이 땅에 있는 동안에도 하늘의 잔치를 누리며 참여한다고 여긴다. 이는 우리가 그때 예수님께 가장 친밀하게 나아가서 그분의 음성으로 기도하며, 그분의 생명을 받아 누리기 때문이다. 기독교 세계 곳곳에서 널리 쓰이는 여러 기도문에는 성찬식에서 우리가 어떻게 하늘의 천

사들이나 과거의 모든 성도들과 함께 하나님을 찬미하는지를 고백하고 있다. 각 교회가 그 예식을 위해 함께 모일 때, 산 자와 죽은 자 전부를 포괄하며 온 하늘과 땅에 걸쳐 있는 모든 하나님 백성의 공동체와 온전히 하나임을 선포하게 된다.

# 5

## 왜 성경이 중요한가

성경은 수많은 좌절과 극복의 이야기를 통해
하나님이 우리를 다루시는
과정을 보여 준다

● ● ● ●

　지난 몇 개의 장에서, 나는 신약의 본문들에서 전개되는 내용을 서술하는 데 상당한 관심을 기울였다. 그 본문들의 배후에는 지중해 동부 주변에서 천 년 이상 살아온 여러 지역 공동체들의 삶이 자리 잡고 있으며, 그 공동체들 중에는 종종 당혹감과 경이에 찬 태도로 오순절과 그 이후에 벌어진 일들의 의미를 질문했던 첫 세대 그리스도인들 역시 포함된다. 그들은 무언가에 압도되어 새로운 환경 속으로 내던져졌으며, 이제 자신들의 나아갈 길을 파악하기 위해 분투하고 있었다.

　신약의 모든 저자들은 각기 다양한 방식으로 그 일을 도우려 했다. 그중에서 가장 웅변적인 어조로 방대한 글을 남긴 이는 사도 바울이었으며, 요한은 가장 심오한 사상가였을 것이다. 다른 복음서의 저자들인 마태와 마가, 누가 역시 우리에게 당시에 벌어진 일들을 바르게 이해하기 위한 다양한 연결 고리를 찾는 데 기여하는 방식으로 예수님의 이야기를 서술하고 있다. 덕분에 우리는 당시의 일들을 유대 민족의 역사나 지금 우리의 경험, 그 동일한 본문을 읽고 있거나 읽어 온 다른 이들의 시각과 적절히 연관 지을 수 있다.(우리가 곧 보게 될 것처럼) 이 연관성에 대한 탐구는 사실상 모든 성경 저자들의 글에서 중심 위치를 차지하며, 히브리 성경(구약)과 기독교 성경(신약) 모두의 경우에 그러하다.

먼저 신약의 여러 책들이 기록되던 시기와 그 직후 수십 년간 존재했던 첫 세대 그리스도인들에 관해 간략히 살펴보는 편이 유익할 듯하다. 주후 1세기 말엽, 그들 사이에서는 특정한 책들의 내용을 꾸준히 인용하는 흐름이 생겨나기 시작했다. 당시에는 몇몇 책들이 하나님에 대한 성찰과 기도를 위해 믿음직한 자료로 쓰일 수 있다는 일종의 합의가 시작된 듯이 보였다. 물론 그 목록 속에 어떤 책이 포함되며 어떤 책은 빠지는지에 관해 확고한 정의가 있는 것은 아니었다. (이른바 선정적인 저널리스트들이 종종 일깨워 주듯이) 초창기 기독교 문서들 가운데는 지금 우리가 아는 형태의 성경 속에 결국 들어가지 못한 책도 많았으며, 그 경계가 아직 뚜렷이 그어져 있지 않았다. 당시에는 기독교 성경의 권위 있는 목록이 존재하지 않았고, 이후에 발전된 것 같은 신조들도 물론 없었다.

그러나 당시의 그리스도인들은 서로를 알아볼 수 있는 '일련의 신호들', 곧 그들만의 공통 어휘를 간직하고 있었다. 아마 1세기 말에 개인적으로 성경을 소유한 사람은 거의 없었을 것이다. 성경을 보관하려면 다량의 두루마리를 담을 상자가 필요했으며, 그 비용도 엄청났기 때문이다. 성경이 호주머니에 들어갈 정도의 작고 검은 소책자로 나온 것은 그로부터 먼 미래의 일이었다. 이 시기에 유대교 성경(구약-역주)은 하나의 완성된 모음집을 이루는 과정의 최종 단계에 있었으며, 이와 마찬가지로 각 지역의 기독교 공동체들도 공예배 시에 사용할 상당한 분량의 자료 모음집을 확보했을 것이다.

어떤 그리스도인들이 타 지역으로 여행하거나 다른 곳의 신앙 공동체에서 온 누군가를 만날 경우, 그들은 다른 이들도 자신들과 동일한 표현 방식을 써서 믿음을 고백하는지를 알고 싶어 했다. 예를 들어 아버지 하나님께 드리는 기도의 내용이나 공동체 안에서 성령의 은사들이 분배되는 방식, 또는 신자들이 예수님 안에서 새로운 피조물과 백성이 되어 누리는 삶의 특징 등에 관해 같은 관점을 공유하는지를 확인하려 했던 것이다.

현재 남아 있는 당시의 문헌과 고고학적 증거들은 이 시기에 상당한 수준의 선택과 집중이 이루어졌음을 보여 준다. 그리하여 특히 마태복음과 바울의 몇몇 서신들이 대중적으로 널리 채택되고 활용되었다.

그러다가 주후 2세기에 접어들었을 때, 상황이 조금 더 복잡해졌다. 일부 공동체와 개인들은 더 넓은 범위의 책들을 받아들이려 했으며, 그중에는 특히 더 사변적인 성격의 것들이 포함되어 있었다. 이 책들은 대개 '영지주의 문헌'(gnostic literature)으로 불렸는데, 그 속에서 엘리트들을 위한 지식(gnosis)이 강조되었기 때문이다. 또 다른 이들은 구약 성경과 신약 성경 사이의 긴장 혹은 모순에 관심을 두면서 자신들의 초점을 더욱 좁히고자 했다. 그들은 신자들이 구약을 버리고 그 본문의 신을 열등하거나 심지어 악한 영으로 간주할 것을 제안했다.

당시 사람들은 오늘날 어떤 유대-기독교의 비판자들이 여전히 강조하는 일부 문제들을 이미 파악하고 있었는데, 이는 구약 성경의 하나님이 때때로 거칠고 잔인하거나 불의한 분으로 여겨진다는 것이었다. 하지만 이 손쉬운 듯하면서도 파괴적인 제안의 난점은 신약 성경 가운데도 구약 성경의 내용에 관한 언급이 많이 담겨 있다는 데 있다.

그러므로 신약 성경의 여러 부분을 과감히 삭제해 버리지 않는 한(어떤 이들은 주저 없이 이쪽을 선택하기도 했다), 여전히 그 긴장과 갈등에 직면하게 된다. 이처럼 받아들이기 쉽게 편집하는 일을 계속해 나갈 경우, 우리 앞에 남아 있는 성경의 본문들은 극소수에 그칠 수 있다. 그 소수의 본문들은 우리 자신에게 별 문제 없이 다가오는 것들이겠지만, 다른 이들의 경우에는 우리와 또 다른 부분을 문제 삼을 수 있음을 기억해야 한다. 당시 대부분의 교회는 이런 식의 제안 앞에서 다음과 같이 반응했다. "그것은 옳지 않습니다. 물론 구약의 내용은 우리에게 상당한 문제를 가져올 수 있습니다. 하지만 그 일이 뜻하는 바는 그 문제들을 깊이 숙고하고 외관상의 모순 너머에 있는 하나의 일관된 패턴을 찾아낼 수는 없는지를 자세히 살펴야 한다는 것일 뿐입니다. 우리 자신의 입맛에 맞지 않는 부분들을 손쉽게 잘라내서는 안 됩니다."

이것은 지금과 같은 형태의 성경이 하나로 모이기 시작한 과정의 일부분이었다. 우리가 보듯이, 그 성경은 주로 예수님의 생애를 기록한 이야기나 서신들로 이루어진 초기 그리스도인들의 글과 함께 주후 1-2세기의 랍비들이 채택한 유대교 성경 전체의 권위 있는 모음집으로 구성되어 있다. 이 성경의 영감과 권위를 숙고할 때, 어떤 최초의 판본이 있었으리라고 여기기 쉽다. 하지만 우리 앞에 놓인 것은 매우 긴 과정을 통해 형성된 하나의 결과물이며, 그 과정은 4세기에 이르러서야 완전히 마무리되었다.

이전의 유대인들과 마찬가지로, 그리스도인들은 성경을 자신들이 전하는 이야기의 핵심이자 자신들이 살아가야 할 삶의 방식에 대한 본질적인 표현으로 인식하였다. 2세기 말엽에는 이미 그 책들의 경계가 상당히 명확해져서, 성경의 '정경'을 언급하는 일이 가능해졌다. 문자적으로 정경은 '하나의 잣대, 권위 있는 표준'을 의미하며, 성경의 정경은 어떤 기독교 공동체가 화평하고 조화로운 방식으로 살아가려 할 때 의지할 수 있는 책들, 그들이 읽고 들으며 또 따라야 할 책들로 이루어져 있었다.

교회들은 이 책들이 참된 기독교의 정체성에 부합하며, 하나님이 우리에게 알리고자 하신 내용들을 바르게 전해 준다고 주장했다. 시중에 나와 있는 다른 글들, 지금도 여전히 이집트의 사막이나 오랫동안 방치되어 온 일부 도서관에서 발견되곤 하는 그 본문들은 무시해도 좋다는 것이었다. 실제로 그 책들을 무시하지 않는 편이 도리어 위험할 수 있으니, 이는 그 책들에서 기독교회의 중심 본문으로 인정되던 글들과 양립 불가한 것으로 여겨지는 삶의 방식과 가르침을 제시하기 때문이다.

당시에 주류로 자리 잡아 가던 기독교 공동체들에서는 첫 세대의 사도들과 명확히 연관되는 본문들만이 진지하게 받아들여질 자격이 있다는 것을 하나의 일반적인 규칙으로 믿고 따랐다. 그리고 '빌립의 복음서'나 '도마복음'처럼 이질적인 문서들이 나타날 경우, 기독교회는 '지속적인 활용 여부'의 잣대에 의존하곤 했다.

이 관점에 따르면, 주류 교회에서 선호하는 책들은 먼

과거부터 공적인 예배와 가르침에서 꾸준히 활용되어 온 것들이었다. 그럼으로써 이 책들은 신자 개개인과 각각의 신앙 공동체들이 서로를 더욱 온전히 알아볼 수 있게 돕는 여러 표현과 심상들을 구축해 왔다는 것이다. 물론 그 밖의 다른 책들이 더 낯설고 이국적이거나 흥미롭게 보일 수도 있고, 세상의 가치관과 충돌이 덜한 듯이 여겨질 수도 있다. 하지만 그런 책들은 여러 세대에 속한 신자들의 기대에 미치지 못했으며, 다양한 지역의 회중들을 위해 신뢰할 만한 공통의 기준점을 제시해 주지 못했다는 것이 그들의 판단이었다.

위에서 보듯이, 이 모든 교회의 주장들은 하나의 즉각적이고 총체적인 해답이 아니라 서서히 진행되는 분류와 결합의 과정에 근거한 일종의 경험적인 논증이었다. 그런데 바로 이 주장들의 성격 자체가 성경의 여러 책들을 읽고 이해하는 방법에 관해 우리에게 중요한 실마리를 던져 준다. 성경에는 수많은 극복과 좌절, 연속성과 불연속성이 누적된 이야기 가운데서 하나님이 우리 인간들을 다루어 가시는 과정이 기록되어 있다. 그리고 무한하신 하나님의 본질에 관한 계시가 점점 더 명확히 드러남에 따라, 그 속에 담긴 본문과 내러티브들의 의미가 지속적으로 재구성되고 새롭게 제시되는 특징을 띤다.

성경에는 수많은 극복과 좌절,
연속성과 불연속성이 누적된 이야기 가운데서
하나님이 우리 인간들을
다루어 가시는 과정이 기록되어 있다.
그리고 무한하신 하나님의 본질에 관한 계시가
점점 더 명확히 드러남에 따라,
그 속에 담긴 본문과 내러티브들의 의미가
지속적으로 재구성되고
새롭게 제시되는 특징을 띤다.

## 그리스도인들이 성경 전체를
## 소중히 여기는 이유는 무엇인가

앞서 살폈듯이, 기독교의 성경 가운데는 첫 세대의 신자들이 기록한 글뿐 아니라 유대인들의 성경(구약-역주) 역시 포함되어 있다. 우리가 그 유대인들의 성경을 읽는 것은 자신을 드러내시는 하나님의 능력이 인류의 역사 속에서 어떻게 작용해 왔는지를 자세히 알기 위함이다.

그 역사의 출발점에서 생겨난 깊은 실패의 결과로부터 사람들을 해방하기 위해 하나님이 맨 처음에 행하신 일들은 노아를 부르셔서 홍수의 재앙 이후에 인류와 창조 질서의 조화를 회복시키신 일 가운데서 드러난다. 그 이후에 하나님은 아브라함을 부르셔서 한 백성의 조상이 되게 하셨으며, 이 백성은 곧 하나님과 긴밀히 동행하는 가운데서 그 공의와 자비를 온 세상에 드러내며 그분의 목적에 부합하게 행하도록 택함 받은 이들이었다.

이후 이 백성은 하나님의 손길로 이집트의 노예 상태에서 구출되었으며, 모세의 인도 아래서 그들 전체의 삶이 그분의 공의와 자비로써 규율되게 하는 하나의 법 체계를 부여받았다. 이후에 이 백성은 오랜 역사의 과정에서 하나님의 은총과 심판을 경험하는 동시에 정치적인 영광과 더불어 절망적인 패배와 추방을 겪었지만, 결코 그분께 완전히 버림받지는 않았다.

이 모든 이야기의 기독교적인 결론은 바로 하나님이 그분의 말씀이자 선물인 동시에 세상에서 그분의 임재와 행하심을 드러내는 통로였던 예수님의 삶 속에서 약속을 지키시는 그분 자신의 신실함이 지닌 총체적이고 무조건적인 성격을 마침내 온전히 나타내셨다는 것이었다. 이때 그분의 목적은 그저 하나의 민족을 자신의 것으로 부르시는 것이 아니라, 신약에서 언급하듯 '모든 족속과 백성, 언어'로 이루어진 일종의 보편적인 공동체를 불러 모으는 데 있었다.

지금 우리에게 있는 성경의 여러 책들은 매우 다양한 성격을 띤다. 코란과 달리, 이 책들은 짧은 시간 동안에 어떤 특정 인물에게 주어진 텍스트가 아니다. 물론 성경 전체는 하나님 자신의 본성과 뜻을 한 목소리로 증언하지만, 이 일은 (기독교의 대중적인 이미지를 써서 말하자면) 다양한 악기 소리가 어우러지는 일종의 교향곡과 같은 방식으로 이루어진다. 성경은 실로 기적적인 방식으로 하나님에 관해 하나의 단일한 이야기와 메시지를 전달하며, 그 이야기의 절정에는 예수님이 자리 잡고 계신다. 물론 성경 가운데는 우리가 이해하기 힘든 부분도 있으며, 때로는 여러 본문들이 서로 모순되는 듯이 보이기도 한다. 성경의 여러 책들이 천 년 이상의 긴 세월에 걸쳐 기록되었음을 기억할 때, 이는 그리 놀랄 만한 일이 아니다. 하지만 이후 그리스도인들은 약 이천 년에 걸쳐 그 책들의 모든 구절을 숙고하고 논의했으며, 그 가운데서 그 책들의 내용 안에 늘 깊은 사유의 통일성이 자리 잡고 있음을 발견해 왔다. 예수님의 삶이 성경 전체의 핵심에 놓이며 그 책들의 다른 모든 부분이 그로부터 의미를 얻게 됨을 인정할 때, 우리는 결국 그런 성경의 본질적인 속성을 파악하게 된다.

여기서 덧붙일 점은 많은 그리스도인들이 히브리 성경의 책들이 단지 더 중요한 무언가를 위한 일종의 예비 단계로서만 그 의미를 갖는 듯이 여겨 왔다는 것이다. 이것은 기독교 내에 자리 잡아 온 반유대주의의 참담한 역사적 특징 중 하나였으며, 유대인들이 무언가 이미 지나가 버린 것, 그 자체로는 무가치하고 생명력이 다한 것을 상징하는 듯이 여기는 어떤 이들의 그릇된 표현법 역시 그것과 연관된다.

그러나 우리 그리스도인들을 비롯한 여러 사람들은 유대인들이 자신들의 성경에 관해 언급하는 바를 끈기 있게 공부해 볼 필요가 있다. 이를 통해 그들의 본문 해석이 하나의 창의적이고 지속적인 전통을 이루고 있음을 깨닫게 되기 때문이다. 그리스도인들은 예수님에 관해 언급하는 모든 내용들이 그분 자신의 유대적인 정체성에 비추어 살필 때에만 바르게 이해될 수 있음을 꼭 기억해야 한다. 우리는 유대교의 저술가와 성경 해석자들이 이전부터 늘 해 온 일을 수행할 뿐이니, 이는 곧 전수받은 본문의 내용을 새롭게 상상하고 재구성해서 새로운 수준의 의미를 이끌어 내는 작업이다.

이런 관점에서 살필 때, 유대교와 기독교 사이에 놓인 것은 이를테면 하나의 낡고 불완전한 신앙과 최신의 완성된 체계 사이의 관계가 아니다. 오히려 그 관계의 양상은 서로 뗄 수 없이 연관된 공동체들이 동일한 핵심 전통을 가지고서 철저히 다른 작업을 수행하는 쪽에 더 가깝다. 물론 지금 양자 간의 차이점은 실로 깊고 중대하며, 이 세상의 역사 속에서 그 둘이 어떻게 하나의 단일한 시각을 형성할 수 있을지를 헤아리기는 쉽지 않다. 그럼에도 그 일을 늘 바라고 기도하는 편이 옳으며(그 일이 어떤 식으로 가능할지는 오직 하나님만이 아신다), 유대교 전통을 그저 낡은 박물관의 유물이 아닌 하나의 살아 있는 실체로 여기고 그로부터 배울 준비가 되어 있어야 한다.

이제 성경의 내용을 간략히 살피자면, 먼저 유대인들이 '토라'(Torah, 율법)로 부르며 그리스어로는 '오경'(Pentateuch, 다섯 권의 책)으로 지칭되는 책들이 있다. 이 책들에서는 세상의 창조와 홍수, 아브라함과 그 가족의 역사가 서술되며, 이후에 이스라엘 백성이 이집트에서 건짐 받고 모세를 통해 율법을 수여받은 이야기들이 기록되어 있다. 그다음에는 역사적인 연대기들이 등장하는데, 이 책들의 내용은 참혹한 외세의 침략과 패배를 겪은 후에 다수의 유대 백성들이 바벨론에 포로로 끌려가는 이야기로 끝이 난다. 그리고 하나님을 찬송하거나 여러 지혜와 잠언을 전해 주는 책들이 있으며, 선지자들의 메시지가 담긴 책들도 포함되어 있다. 그들은 공의와 정직을 실천하지 못한 그 백성을 향한 하나님의 심판을 선언하는 동시에, 그 백성이 뉘우치고 돌이킬 때 다시 회복될 것임을 약속했던 이들이었다. 그리고 성경에는 이스라엘 백성이 바벨론의 유배 생활에서 귀환한 과정을 기록한 몇 권의 책과 함께, 하나님 백성의 역사에서 중요한 역할을 한 인물들(그 중에는 특히 룻과 에스더 같은 여성들도 있다)에 대한 생생한 이야기도 포함되어 있다. 이와 더불어 실로 독특하고 혁명적인 또 한 권의 책(욥기)이 있는데, 그 속에는 무고한 이가 겪는 고난의 문제를 깊이 숙고해 보려는 시도가 담겨 있다.

곧이어 신약 성경을 살필 때, 우리에게는 예수님의 이야기를 전해 주는 네 권의 복음서가 있다(여기서 '복음'[gospel]은 곧 '좋은 소식의 선포'를 의미한다). 그다음에는 사도행전으로 이어지는데, 이 책에서는 그 신앙의 첫 전파 과정을 요약하는 동시에 당시의 가장 열정적인 기독교 전도자였던 다소의 바울을 우리 앞에 소개한다. 그런 다음에는 바울과 베드로, 요한과 야고보, 유다가 쓴 것으로 여겨지는 여러 편지(서신)들의 모음집이 등장하며, 이는 다양한 기독교 공동체들을 상대로 각종 믿음과 행실의 문제에 관해 지침을 주는 글들이다. 마지막으로 요한계시록이 있는데, 이 책에서는 세상의 마지막 때에 관해 실로 당혹스러우면서도 생명력이 넘치는 환상을 제시하는 동시에 그날에 예수님이 영광 중에 임하셔서 모든 사람을 심판하실 것을 확증하고 있다.

나아가 우리 그리스도인들은 성경 전체가 하나님의 영감을 받았다고 믿는다. 이는 그 책들의 모든 본문이 성령님의 도우심을 통해 기록되었다는 뜻이다. 기도와 예배의 맥락에서 그 전반적인 내용을 잘 헤아리면서 읽어 갈 때, 그 책들은 하나님이 우리에게 알리고자 하시는 메시지를 전해 준다는 것이 우리의 믿음이다. 여기서 어떤 그리스도인들(과거의 그리스도인들 대부분과 현대의 많은 그리스도인들이 여기에 속한다)의 경우, 이 성경의 영감이 곧 '어떤 사실적인 진술의 측면에서도 그릇되지 않음'을 의미한다고 여긴다. 하지만 또 다른 이들은 성경이 우리의 최종 권위임을 인정하면서도, 영감에 관한 전자의 생각이 성경 자체의 요점을 다소 오해한 것이라고 본다.

우리 그리스도인들은 성경 전체가
하나님의 영감을 받았다고 믿는다.
이는 그 책들의 모든 본문이
성령님의 도우심을 통해 기록되었다는 뜻이다.
그리고 기도와 예배의 맥락에서
그 전반적인 내용을 잘 헤아리면서 읽어 갈 때,
그 책들은 하나님이 우리에게 알리고자 하시는
메시지를 전해 준다는 것이 우리의 믿음이다.

이들에 따르면, 성경의 핵심 의도는 세상의 온갖 일들에 관해 오류가 없는 정보를 제공하려는 데 있지 않다. 오히려 그 책들의 의도는 하나님이 어떤 분이시고 어떤 일들을 행하시며, 그 일들이 우리 자신의 삶이나 하나님과의 관계 회복과 번영을 위해 의미하는 바가 무엇인지에 관해 믿음직한 안내자가 되려는 데 있다는 것이다.

이런 후자의 관점을 좇을 때, 우리는 성경이 모든 개개의 사실에 관해 정확해야 할 필요는 없다고 여길 수 있다. 예를 들어 우리가 일상생활에서 접하는 여러 증언들의 경우에도 어떤 사건의 날짜나 누군가의 이름, 각종 이야기의 세부사항이나 지리적인 특징 등에 관해 약간의 착오가 있을 수 있지만, 그렇다고 해서 그 내용 자체가 거짓되고 무가치한 것이 되어 버리지는 않기 때문이다. 그리고 우리는 하나님이 성경의 내용을 그 저자들에게 일일이 불러 주셨다거나, 방대한 양의 정보를 그들의 머릿속에 직접 넣어 주신 것처럼 여길 필요가 없다. 오히려 하나님은 그분의 목적을 세상에 드러내기 위해 인간 저자들의 마음속에서 그들과 긴밀히 협력하셨으며, 이를 통해 우리의 죄와 실수에서 벗어나기 위해 꼭 알아야만 할 내용들을 알려 주셨다.

또 우리 그리스도인들은 성경의 본문과 그 기록 방식에 관한 연구에 많은 노력을 기울여 왔다. 학자들은 각 본문에 대한 최상의 증거를 확립하는 동시에, 매우 이른 시기의 사본들을 찾아내고 그것들에 관한 논의를 지속해 왔다(우리에게는 예수님의 생애 이후로 백 년도 지나지 않은 시기에 기록된 요한복음 일부의 양피지 사본이 있다). 때로 모든 성경 기록의 세부적인 정확성을 강조하는 이들은 이런 학문 연구의 결과들을 불편하게 여기기도 했다. 하지만 이제 많은 그리스도인들은 그 결과들이 '성경은 여러 다양한 목소리를 통해 하나의 이야기를 전달한다'는 개념을 확증한다고 받아들이고 있다.

끝으로 위에서 살핀 성경 전체의 이야기 패턴에서 드러나듯, 구약이 없이는 예수님의 첫 추종자와 벗들이 기록한 신약의 내용이 제대로 이해될 수 없다. 예수님은 하나님의 백성을 새롭게 재창조하기 위해 자신의 사역들을 감당하셨으며, 이는 고대 이스라엘의 선지자들이 그리했던 것과 마찬가지였다. 그런데 예수님의 경우에는 그 백성의 경계를 더욱 넓히셔서, 마침내 온 세상 민족들이 그 안에 포함되게 만드셨다. 그리하여 이전에 이스라엘 백성을 상대로 하나의 언약과 맹약을 맺으셨던 하나님이 이제는 예수님의 말씀과 사역 안에서 그분을 믿고 의지하는 모든 이들과 더불어 자신의 언약을 맺으시는 것이다.

# 6

## 왜 전통이 중요한가

전통은 성경이 어떤 식으로 이해되고
적용되어 왔는지를 보여 주는
기록이다

지금까지 살폈듯이, 기독교회의 초창기부터 꾸준히 제기되어 온 문제들은 바로 우리가 예수님과 그분께 속한 공동체에 관해 언급할 수 있는 내용의 기준과 한계에 대한 것들이다. 그 문제들은 우리가 다양한 주제들에 관해 언급하는 내용의 출처가 무엇이며 그 내용들이 서로 어떻게 연결되는지, 그리고 우리가 분별력 있게 진리를 말한다고 주장할 수 있는 근거는 무엇인지에 대한 질문들과 연관되어 있다. 그 문제들은 기독교적인 사유의 경계와 진리 조건들에 연관되는 동시에, 우리가 '정통', 곧 '올바른 가르침'으로 지칭하게 된 일들과도 연관이 있다. 그러면 이런 사안들이 중요한 이유는 무엇이며, 그 문제들을 적절히 다루기 위해서는 무엇이 요구될까? 매우 신비한 동시에 개인적인 성격을 지닌 신앙의 내용들을 이같이 규정하는 일에 상당한 위험 요소가 내재해 있는 것은 아닐까?

나는 이 물음들에 관해 하나의 일반적인 답을 제시하고 나서 좀 더 구체적인 일부 사안들을 다루어 보려 한다. 그 답은 내가 이제까지 서술해 온 내용과 어느 정도 부합하는 성격을 띤다. 위에서 제시한 여러 물음들의 배후에는 다음의 질문이 자리 잡고 있다. '우리가 하나님에 관해 언급할 때, 예수님과 성령에 관한 신약의 가르침이 지닌 그 광대한 폭과 깊이를 적절히 유지하기 위해서는 어떻게 해야 하는가?' 이것이 바로 우리의 논의를 위한 기본 잣대이다. 혹시 우리는 성경에서 예수님과 성령에 관해 진술하는 내용보다 더 적은 것을 말하는 데 그치고 있지는 않은가? 앞의 장들에서 살폈듯이, 기독교 성경의 핵심 의도는 기존 관념의 경계들을 점점 더 넓혀 가려는 데 있다. 그럼으로써 하나님이 예수님을 통해 새롭게 창조하신 세상의 실제적이고도 포괄적인 성격을 더욱 풍성히 드러내려 하는 것이다. 초대 교회에서나 그 이후의 교회에서 벌어진 논쟁들의 많은 부분은 과연 우리가 이 관념의 경계들을 다시금 축소시키고 있는 것은 아닌지 하는 문제와 연관된다. '혹시 우리는 신약에서 가르치는 내용만큼 충분히 말하지 않고 뒤로 물러서고 있지는 않은가?'

주후 3세기부터 5세기의 교회에서 종종 벌어졌던 여러 복잡하고 심각한 논쟁에서, 사람들의 본질적인 염려는 바로 여기에 있었다. 이 사실은 당시의 신학자들이 외관상 사소해 보이는 일들에 관해 열띤 논의를 이어 간 이유를 얼마간 설명해 준다. 주된 질문은 늘 이것이었다. '과연 그런 표현 방식은 성경과 일상 예배의 언어를 통해 제시되는 주장들의 성격을 제대로 반영하고 있는가?' 만약 우리가 초대 교회의 방식대로 이단을 규정한다면, 가장 유용한 정의는 아마도 이러할 것이다. '이단은 곧 우리가 하나님에 관해 논할 때 예수님과 성령 안에서 역사하신 그분께 마땅히 합당해야 할 만큼 충분히 말하지 않는 것을 의미했다.'

그리스도인들은 처음부터 하나님의 어떠하심을 적절히 드러내는 표현 방식을 찾기 위해서는 성경에서 그 실마리를 얻어야 한다는 것을 늘 당연하게 여겨 왔다. 그런데 초창기의 교회에서 신학 작업을 감당했던 이들은 성경이 우리의 모든 질문에 즉각적인 답을 준다고 생각하지 않았다. 오늘날의 용어로 말하자면, 성경을 마치 일종의 영적인 고민 상담사나 우리가 질문을 입력하면 곧바로 손쉬운 답을 내놓는 컴퓨터 프로그램처럼 생각하지 않았던 것이다. 그들은 성경이 상당히 난해한 글들의 모음집이며, 그렇기에 우리의 세계와 그 본문의 세계를 서로 주의 깊게 연결 짓는 작업이 요구됨을 알고 있었다. 나아가 그 작업을 위해서는 우리의 깊은 기도와 사유, 노력이 필요했던 것이다.

과거의 오랜 세월 동안, '신학 작업'은 곧 상당히 전문적인 수준에 속한 성경 연구를 지칭하는 표현이었다. 사람들이 기독교의 가르침에 관해 훨씬 더 추상적이고 고도화된 철학적 숙고를 수행하기 시작했던 중세 시대에도, 당

우리가 초대 교회의 방식대로
이단을 규정한다면,
가장 유용한 정의는 아마도 이러할 것이다.
'이단은 곧 우리가 하나님에 관해 논할 때
예수님과 성령 안에서 역사하신
그분께 합당한 것보다
미흡한 내용을 언급하는 일을 지칭한다.'

시의 가장 위대한 신학자였던 13세기의 성 토마스 아퀴나스는 신학이란 곧 성경 연구임을 처음부터 당연하게 받아들였다. 그가 라틴어로 표현한 바에 따르면, '거룩한 가르침'(sacra doctrina)은 '거룩한 성경'(sacra scriptura), 곧 그 책의 거룩한 문서들을 연구하는 일이다. 그 작업은 본질적으로 우리가 성경에서 마주하는 인물들의 생애를 깊이 숙고하는 일과 연관되어 있다.

그에 따르면 그들은 '하나님의 계시가 우리에게 임하는 통로'이며, 이를 통해 그들이 어떤 식으로 우리에게 하나님의 어떠하심을 보여 주는지를 명확히 파악하는 것이다. 물론 아퀴나스의 수천 단어에 달하는 철학적 논의들을 접할 때, '이 내용들이 대체 아브라함이나 모세와 무슨 상관이지?'라고 생각할 수 있다. 하지만 아퀴나스는 자신이 바로 그 작업을 수행하고 있음을 확신했다. 물론 아브라함과 모세의 이야기들로부터 그렇게 복잡하고 추상적인 논의를 이끌어 내기 위해서는 아주 긴 시간이 걸릴 수도 있다. 그러나 아퀴나스는 이는 결국 성경 속 인물들의 삶과 이야기가 하나님에 관해 보여 주는 내용들을 파악해 내는 것이라고 굳게 믿었다. 이것이 바로 거룩한 가르침, 곧 신학의 본질이다.

## 종교개혁은 어떠한가

종교개혁 시기에, 신학 작업의 방식에 관한 질문은 조금 더 도전적이고 논쟁적인 대상이 되었다. 그 이전의 여러 세기에 걸쳐 발전되어 온 정교한 사유와 실천의 구조들은 성경의 본래 가르침과 매우 동떨어진 듯이 보였으며, 많은 이들이 글 읽는 법을 배우고 성경 본문이 여러 언어로 번역됨에 따라 점점 더 많은 독자들이 기존의 관습적인 해석에 이의를 제기하기 시작했다. 이제 '그 내용이 정확히 성경의 어느 본문에 담겨 있나요?'라는 식의 도전적인 물음을 흔히 접할 수 있었으며, 이는 결국 격렬한 논쟁으로 이어졌다.

그 중 한쪽 극단에 속한 그리스도인들은 어떤 가르침이 성경에서 많은 분량을 할애해서 제시되지 않는다면 모두 거부하고 배척해야 한다고 여겼다. 다른 극단에는 기존 관행을 철저히 옹호하는 이들이 있었으며, 이들은 교회의 전통이 신뢰할 만한 진리의 원천이며 (비록 성경 본문에 기록되지는 않았지만) 교회를 통해 계속 보존되어 온 별도의 가르침들이 있음을 강조했다.

당시 대부분의 진지한 사상가들은 양극단 사이의 어딘가에 자리 잡고 있었으며, 이는 가톨릭과 개신교 중 어느 쪽이든 마찬가지였다. 하지만 당대의 사회적 분위기는 양측의 무익한 대립을 부추겼고, 우리는 여전히 그 대립이 낳은 결과의 영향 아래서 살아가고 있다.

광범위한 교회 개혁을 주장했던 당시의 주요 신학자들은 이전의 여러 세기에 걸쳐 발전되어 온 교리들에 관해 다소 불편한 질문을 자유로이 제기할 수 있게 성경의 가르침을 '해방해야' 한다는 점을 명확히 강조했다. 하지만 이런 입장은 마치 다른 누구도 그 본문을 읽고 있지 않거나 읽어 본 적이 없다는 듯 각 사람이 혼자 힘으로 성경을 읽을 수 있다는 뜻은 아니었다. 오히려 지난 장에서 살폈듯이, 우리가 늘 '다른 이들과 함께' 성경을 읽게 된다는 점을 확신했던 것이다. 그러므로 우리가 한 사람의 신학자가 되기 위해서는 우리보다 앞서 성경을 읽었던 이들의 글을 읽어 보아야만 하며, 이는 성경 자체의 일차적인 중요성을 아무리 강조해도 마찬가지다.

장 칼뱅 같은 위대한 개혁의 옹호자도 성경을 해석할 때 기존의 학문적인 성과들을 두루 활용했으며, 초대 교회와 중세 시대에 구축된 최상의 자료들을 참조했다. 이때 그는 어느 정도 비판적인 태도를 유지하긴 했지만, 그럼에도 늘 이전의 사유들을 기꺼이 배우고 경청하려는 자세가 되어 있었던 것이다. 바로 여기서 우리는 교회의 삶에서 전통이 지니는 참 의미를 발견하게 된다. 이는 곧 전통이 그저 '우연히 물려받은 것'에 그치지 않는다는 것이다. 오히려 성경의 기본 주제들에 비추어서 그 가르침의 내용들을 자세히 살피고 검증해야 한다. 마땅히 존중해야 할 전통은 곧 우리보다 먼저 성경을 읽어온 이들의 사유에 관심을 쏟는 지속적인 과정 속에 있다.

그러므로 우리는 전통을 마치 성경과 나란히 놓고 비교할 수 있는 무언가로 취급하지 않는다. 전통은 그저 다른 이들이 그 책을 어떻게 읽었는지에 관한 기록일 뿐, 그 자체로는 하나의 계시가 될 수 없기 때문이다. 그런데 또 다른 의미에서, 성경 또한 우리가 어떤 맥락도 염두에 두지 않고 오직 그 책 자체만을 살피려 할 때에는 진정한 계시가 될 수 없다.

성경을 이런 식으로 다루려 하는 이들은 온갖 모순과 부조리에 매이게 되는 것이다. 오히려 성경을 읽어 갈 때는 주위의 모든 도움을 구할 필요가 있으며, 가능한 한 많은 이들을 초대해서 독서 과정을 공유하는 것도 좋은 선택이다. 이때 우리보다 앞서 성경을 읽어 온 이들이나 오늘날 우리와는 다른 맥락 속에서 그 책을 읽고 있는 이들을 동역자로 삼을 수 있다.

지금 유럽과 북미의 그리스도인들은 그간 자신들의 독법이 얼마나 편협했으며, 자신들의 유익에 부합하는 방향으로 얼마나 치우쳐 있었는지를 뒤늦게 깨닫고 있다(지난 수백 년간 서구의 그리스도인들이 성경과 노예 무역이 양립 가능하다고 믿어 온 일을 생각해 보라). 이런 상황들을 감안할 때, '함께 읽기'의 중요성은 더욱 커진다.

때때로 종교개혁이 개인주의적인 사조의 문을 여는 하나의 큰 돌파구였던 것처럼 언급된다. 곧 그 운동을 통해, 모든 이들이 성경을 각자의 사적인 공간으로 가져가서 홀로 그 본문의 의미를 궁리해 볼 수 있게 되었다는 것이다. 하지만 실상은 그와 정반대다. 위대한 종교개혁자들이 각 나라의 일상 언어로 성경을 출판해야 한다고 여겼던 이유는 그럼으로써 그 나라 사람들이 함께 그 책을 읽어 갈 수 있기 때문이었다. 그 작업의 목적은 결코 대중들이 각자의 골방에 틀어박혀 요한계시록의 일부 난해한 본문으로부터 세상 종말의 연대를 추론해 내는 데 있지 않았던 것이다. (실제로 기독교의 많은 이단 분파들이 이런 식의 해석 과정을 통해 생겨났다.) 오히려 그 개혁자들의 관점에서, 성경은 우리 모두가 '함께' 읽어 가는 책이었다. 이때 우리는 과거와 현재의 다른 독자들을 우리 곁에 초대해서, 우리 자신이나 우리와 비슷한 부류의 사람들이 흔히 마음에 품는 것보다 더욱 심오한 그들의 지혜를 기도하는 마음으로 깊이 경청하게 된다.

이것은 곧 종교개혁 초기의 수십 년 동안에 첫 세대의

개신교인들이 여전히 간직했던 '가톨릭적' 요소였다. 그 시대의 가톨릭 신자들 자신도 과거로부터 물려받은 교리적 공식과 관행들을 더 주의 깊게 숙고해 볼 필요성을 진지하게 받아들였으며, 이를 위해 더 나은 성경의 본문들을 확보하고 지난 교회의 역사를 정확히 파악하는 일에 많은 노력을 기울였다. 어떤 비판적인 질문도 제기하지 못하게 했던 중세 후기의 일부 사고방식에 맞서서, 종교개혁 당시 양측의 신학자들은 지난 여러 세기에 걸쳐 전해져 온 가르침의 의미를 바르게 헤아리도록 더 비판적인 작업들을 열심히 수행할 필요가 있음을 인정했다.

그중에서 성경이 가장 중요하다는 점을 부인하는 이는 거의 없었지만, 이와 동시에 성경이 온갖 신학적이거나 역사적이며 도덕적인 사안들에 관해 명확한 답을 손쉽게 제공해 준다고 여기는 것 역시 위험한 일임을 인식하고 있었다. 그들은 본질상 다음과 같이 권면했던 것이다. "아닙니다. 성경을 읽을 때 좀 더 개방적인 태도를 취하십시오. 과거의 위대한 해석자들을 맞아들여 그들과 함께 그 책을 읽어 가기 바랍니다."

과거의 위대한 독자들, 곧 우리보다 앞서 그 책을 읽은 거룩하고 지혜로운 이들과 함께 성경을 읽어 가라는 것은 여전히 아주 좋은 조언이다. 물론 지금 우리나 주위의 다른 사람들과 마찬가지로, 그들 역시 항상 옳았던 것은 아니다. 때때로 우리와 똑같이 성경을 그릇되거나 서투르게 해석했으며, 심지어 완전히 치명적인 오류를 범하기도 했다.

예를 들어 4-5세기의 신학적 거장이었던 성 어거스틴을 생각해 보자. 그는 분명히 초대 교회의 가장 탁월하고 열정적인 동시에 심오하고 풍성한 통찰을 지닌 신학자였으며, 아마도 기독교회의 역사 전체를 통틀어서 그러했을 것이다. 그의 글을 읽어 갈 때, 우리는 종종 깊은 감동과 흥분을 경험한다. 그가 어른이 된 후에 신앙을 온전히 받아들인 여정에 관한 이야기나 삼위일체에 대한 묵상, 시편 혹은 복음서에 관한 설교나 인간 사회를 위한 복음의 의미에 관한 탁월한 분석 등이 우리에게 그런 영향력을 미친다.

하지만 그다음에 원죄 안에서 태어난 어린아이들 앞에 놓인 형벌이나 은혜 베푸실 자에 대한 하나님의 선택이 지닌 자의적 성격에 관한 그의 몇몇 글을 접할 때, 우리는 그렇게 위대하고 심원한 사상가가 이처럼 충격적인 생각을 품었다는 사실 앞에서 깊은 당혹감을 느낄 것이다. 그런데 우리가 성경을 다른 이들과 함께 읽어 가는 일의 장점 중 하나는 바로 이같이 가장 지혜롭고 탁월한 해석자들도 완전하지는 않음을 깨닫는 데 있다. 우리 앞에 놓인 좋은 소식은 우리 역시 완벽한 독자가 될 필요는 없다는 것이다. 그저 자신의 그릇된 생각을 뉘우치고 다른 이들의 가르침을 기꺼이 받아들일 수 있으면 된다. 실제로 어거스틴은 생애 말기에 자신이 오류를 범했다고 여겨지는 부분을 서술하는 작품을 집필했다. 자기 반성을 담은 *Retractations*(재고록)이라는 저술인데, 이 책에서 그는 자신의 신학적 경력 동안에 언급했던 내용 전반을 돌아본다. 이같이 탁월한 지성과 거룩함을 겸비했던 인물이 "전에는 내가 옳다고 여겼지만 실상은 그렇지 않았습니다"라고 고백했던 것은 우리에게 많은 교훈을 준다.

성경과 전통은 서로 동등한 수준에 속한 것이 아니다. 오히려 전통은 지속적인 성경 읽기 과정의 일부분일 뿐이다. 이런 맥락을 고려하지 않고 강조할 때, 우리는 그저 '전통주의'의 영향 아래 놓일 가능성이 높다. 이런 전통주의가 좋지 않은 이유는 우리를 일종의 '노스텔지어', 곧 그저 기존 방식을 그대로 반복하려는 갈망으로 이끌어 가기 때문이다. 그러나 가능한 한 많은 이들과 함께 성경을 생생히 읽어 나가는 과정으로서의 전통은 이와 다른 성격을 띤다.

한 동방 정교회의 현대 신학자는 전통을 '교회의 은사적인 기억'으로 묘사했는데, 매우 멋진 어구이다. 전통은 곧 우리가 늘 기억하는 내용이며, 그 기억은 예수님의 영인 성령의 은사 안에서, 그 은사를 통해 이루어진다. 이 성령의

성경과 전통은
서로 동등한 수준에 속한 것들이 아니다.
오히려 전통은 지속적인
성경 읽기 과정의 일부분일 뿐이다.
이런 맥락에 대한 고려 없이 그것을 강조할 때,
우리는 바람직하지 않은 '전통주의'의 영향 아래
놓이게 될 가능성이 높다.

은사는 적절한 지각과 비판적인 분별력을 가져다주며, 이를 통해 우리는 과거의 교훈들을 감사한 마음으로 받아들이는 동시에 그 내용을 그대로 반복하는 데 그치지 않고 더 깊은 배움의 길로 나아가는 것이다. 그럼으로써 과거의 가르침 속에 깊이 자리 잡은 오류들 역시 극복하게 된다.

16세기의 종교개혁부터 노예제 폐지 운동이나 여성들에 대한 역사적 편견들을 바로잡으려는 현대의 여러 운동에 이르기까지, 기독교회의 많은 개혁 운동이 '되돌아봄'의 요소를 함축하고 있다는 것은 상당히 흥미로운 일이다. 이는 곧 우리의 집단 기억을 되짚으면서, '과연 그 내용들을 옳게 듣고 헤아린 것일까?'라는 질문을 던지는 일을 의미한다. 전통을 바르게 이해할 때, 그것은 우리로 하여금 성경을 끊임없이 다시 읽어 가도록 인도한다. 이는 그것 자체가 성경이 어떤 식으로 늘 다시 읽혀 왔는지를 보여 주는 일종의 기록이기 때문이다.

다시 읽기의 목적은 성경의 메시지를 근래에 유행하는 일부 사조들에 부합하게 재구성하는 것이 아니라, 과연 그 내용이 서로 결합해서 하나의 일관된 전체를 이루는 방식을 우리가 제대로 파악했는지를 되짚어 보려는 데 있다. 이 일은 다시금 하나님이 그분 자신에 관해 계시하신 내용만큼 충분히 말하지 못하고 뒤로 물러서지 않으려는 정통을 추구하는 일과 연관된다. 이는 실로 긴 여정이지만, 그 가운데서 하나님의 은혜가 우리와 늘 동행하신다.

# 7

# 왜 이성이 중요한가

이성은 세상 관습에 매이지 않고
비판적이고 유익한 관점을 갖게 하는
하나의 도구다

그리스도인들은 신학 작업을 수행하는 방식을 정리할 때 또 하나의 요소를 추가하고 싶어했다. 곧 성경과 전통뿐 아니라 우리의 이성 역시 그 방편이 되어야 한다는 것이다. 어떤 이들은 이것을 '삼각 의자의 세 번째 다리'로 불렀으며, 이는 특히 성공회 신자들에게 친숙한 삼각 구도이다. 그런데 실제로 '이성'이라는 용어를 제대로 이해하기는 쉽지 않으며, 그 단어가 우리에게 순전히 논리적인 증명과 같은 것을 암시할 수 있기 때문이다.

하지만 더 오래된 맥락에서, 그 단어는 그보다 훨씬 더 많은 것을 의미했다. 우리는 모두 각자의 문화에서 제공하는 여러 도구를 통해 이 세상을 파악하는 다양한 방식들을 가지고 있다. 사람들의 지성은 각자의 역사적인 환경 속에서 특정한 방식으로 작용하며, 한 시대나 맥락 또는 언어에 속한 여러 사유의 범주들을 다른 시대나 맥락 혹은 언어 가운데로 손쉽게 옮길 수가 없다. 이를 달리 표현하자면, 우리에게는 문자적으로든 은유적으로든 일종의 번역 작업이 늘 요구되는 것이다.

이처럼 성경을 읽을 때도, 온갖 종류의 번역 작업이 늘

우리는 모두 각자의 문화에서 제공하는
여러 도구를 통해 이 세상을 파악하는
다양한 방식들을 소유하고 있다.
사람들의 지성은 각자의 역사적인 환경 속에서
특정한 방식으로 작용하며,
우리는 한 시대나 맥락 또는 언어에 속한
여러 사유의 범주들을 다른 시대나
맥락 혹은 언어 가운데로
손쉽게 치환해 버릴 수가 없다.

필요하다. 이는 우리가 일상적인 사고방식들을 쉽게 벗어 던지고 전혀 다른 세계 속으로 금세 동화될 수 있는 것이 아니기 때문이다. 오히려 우리 자신이 지닌 최상의 사유 방식과 습관들을 동원해서 성경의 의미를 자세히 숙고하고 헤아려야 한다.

전통의 경우와 마찬가지로, 이성은 성경 본문과 나란히 있는 또 다른 계시의 원천으로 간주될 수 없다. 전통은 오랜 성경 읽기의 과정이 축적된 결과물이며, 이성은 오늘날 우리가 그 읽기에 활용하는 하나의 도구일 뿐이다. 지금도 계시의 핵심 사실은 곧 성경 자체에서 증언하는 바로 남아 있다. 전통은 곧 여러 세기에 걸쳐 성경을 읽어 온 이들과 함께 그 책을 읽어 가는 과정이며, 이성은 상식과 주위의 자료들을 적절히 활용해서 본문의 의미들을 생생히 살려 내는 방식으로 그 책을 읽어 가는 일에 연관된다.

이 점을 더 명확히 밝히자면, 내 말뜻은 성경 본문이나 전통적인 신조들에서 언급하는 바가 지금 우리의 사고방식과 완전히 동떨어져 있다는 것이 아니다. 이전의 다른 시대에는 진리로 여겨졌던 것이 지금은 그렇지 않다는 뜻도 아니다. 오늘날 우리가 이해할 수 있는 것들만을 진리로 삼는 일종의 총체적인 상대주의를 채택하자는 말도 아니다. 다만 내 의도는 이 세상의 역사가 진행됨에 따라 이전과는 다른 관점들이 계속 새로이 등장하며, 이 일은 과거의 어떤 텍스트를 읽는 방식에 영향을 미칠 수밖에 없다는 것이다.

예를 들어 셰익스피어의 "햄릿"을 오늘날 공연할 때, 부모와 자녀의 관계가 지닌 여러 심리적 층위들을 17세기 당시보다 우리가 더 많이 인식하고 있다는 사실을 부인할 수 없다. 물론 셰익스피어 자신이 그 심리적인 역동성을 아예 몰랐던 것은 아니다. 그는 실로 탁월한 예술가였기에, 그런 마음의 흐름들을 어느 정도 본능적으로 감지하고 있었을 것이다.

다만 지금 우리는 당시의 것과 다른 언어와 사유 방식들을 사용하며, 그런 차이점이 우리 앞에 새로운 통찰들을 제시해 줄 뿐이다. 우리는 그 과거의 천재들을 무시하거나 얕잡아 보지 않고, 그들이 사유하고 고민했던 결과물이 우리 자신의 사고 체계 속에 어떻게 접목될 수 있는지를 헤아려 보려 한다. 이 과정에서 그 역사적인 본문의 표면적인 패턴들이 우리의 질문들을 통해 여러 도전을 겪듯이, 우리의 현대적인 틀 또한 수정되고 변화되어 간다. 그 결과, 이미 지나가 버린 과거 세계의 (불가능한) 재현도 아니고, (그와 똑같이 불가능한) 순전히 현대적인 개념들의 진술도 아닌 또 다른 무언가가 생겨나게 된다.

결국 우리가 지금 어떤 내용들을 생각할 수 있는 것은

그보다 먼저 무언가를 생각해 낸 이들이 있었기 때문이다. 그러므로 신학 작업의 일부로 이성적인 관점에서 성경 본문을 파악하는 일은 기존의 전통적인 신념들을 일부 현대적인 '순수 합리성'의 적대적인 시선에 노출시키는 것과 다르다. 오히려 우리 마음과 상상력 속에 담긴 풍부한 지적 자원을 적절히 활용해서 그 책을 읽어 나가는 것이다.

오늘날 그리스도인들이 이성의 개념에 관해 우려를 품는 주된 이유는 사회의 많은 사람들이 하나의 '절대적이며 추상적인 합리성'에 관한 기이한 신화를 여전히 따르고 있기 때문이다. 이는 유럽 계몽주의 사조의 결과로서 많은 이들이 품게 된 개념으로, 이 관점에서는 특정한 사유와 주장, 논증의 방식들이 자명하게 참되다고 믿는다. 곧 이 세상의 복잡한 삶 속에서 우리가 어떤 일을 조금씩 터득하고 파악해 나가는 방식과는 전혀 무관하게 그러하다는 것이다. 하지만 이 알아감의 방식 가운데는 사유뿐 아니라 감정적인 느낌 역시 포함되며, 우리는 인격적인 신뢰와 실질적인 경험, 그밖의 여러 비공식적인 방법들을 통해 신뢰할 만한 지식을 얻는 경우가 많다.

오늘날의 신학 사조들 가운데는 이런 계몽주의 이후의 추론 모델을 당연한 것으로 받아들이는 흐름들이 존재해 왔다. 이런 사조들은 그 이전 시대의 여러 신학적 합의에 관해 근본적인 도전을 제기하며, 현대인들이 성경적이거나 역사적인 신앙의 표현들을 재고하거나 심지어는 폐기해야 한다고 주장한다. 물론 과거의 글들이 지금 우리의 것과는 다른 세계관을 전제한다는 점을 지적하거나, 오늘날의 심화된 역사 혹은 지리, 인간 생리학의 지식에 근거해서 살필 때 과거의 교리들을 마치 아무것도 변하지 않은 듯이 반복하는 일은 불가능하다는 점을 밝히는 것은 분명히 그릇되거나 어떤 면에서 신성모독적인 일이 아니다.

하지만 우리가 앞서간 이들과 함께 성경을 읽어 가는 일에 여전히 헌신한다면, 자신의 생각을 드러내어 표현하는 일뿐 아니라 그들의 목소리에 귀 기울이는 일 역시 꼭 필요하다. 이때에는 그들이 알았으나 우리가 모르는 것은 무엇인지, 반대로 그들은 몰랐지만 지금 우리가 아는 것은 무엇인지를 모두 탐구하는 작업이 요구되는 것이다. 과거에 그들이 보고 들었던 것들을 우리도 보고 들을 수 있다(이해할 수 있다)는 점을 인식해야 한다. 당시 사람들의 사유 구조를 파악하는 데 상당히 고된 수고가 요구될지라도, 그들과 같은 자리에 서 보는 일은 여전히 가능하다.

오늘날 우리의 추론은 단지 시간의 흐름에 영향을 받지 않는 방법들을 활용해서 외부 세계의 객관적인 현상들을 파악해 가는 과정이 아니다. 오히려 신학 작업 시에 우리는 교회의 유기적인 삶을 공유하는 다른 지체들과 함께 그 추론을 수행하며, 이때 그 추론은 모든 그리스도인들이 이미 고백하고 기도하며 찬송하는 내용의 결을 따라 이루어지는 것이다.

지난 세기 중반에 널리 유행했던 신학적 흐름이 있었는데, 이는 삼위일체 내지는 그리스도의 신성에 관한 고전적인 교리들이 이성적으로 증명될 수 없다거나, 뒷받침할 증거가 부족하다거나, 또는 다소 낡았거나 입증될 수 없는 철학적 전제들에 근거하고 있다고 결론 짓는 것이었다. 이런 신학 사조들은 인간적인 사유의 작용 방식에 대한 그릇된 이해에 뿌리를 둔 것으로서, 우리의 사유가 마치 외부의 중립적인 사실들을 파악하는 일에 지적 능력을 동원하는 일에 불과하다는 식의 오류를 범하고 있다. 하지만 실제로는 그 교리들이 대변하는 세계 속에 우리가 이미 거하고 있다는 것이 이 사안의 본질이다. 이미 우리는 그 교리들에 기반을 둔 일종의 '집' 안에서 살아가고 있기에, 그 집의 지붕을 애써 다시 지으려는 것은 어딘가 부자연스러운 일이 된다.

이런 측면에서, '이성'(reason)보다는 '추론'(reasoning)이라는 단어를 쓰는 것이 더 적절할 수 있다. 이는 전자의 표현이 일종의 추상적이고 보편적인 능력을 시사할 수 있기 때문이다. 이 추론은 우리 그리스도인들이 지속적이고 살아 있는 교회 공동체의 지체로서 물려 받은 것들과 대화하는 방식의 일부가 될 수밖에 없다. 나아가 이 과정에서 그리스도인들은 성경과 전통의 메시지를 읽고 듣는 동안에 자신들이 속한 문화의 여러 관심사를 자연스럽게 접목시키게 된다.

이때 현대 사회의 통념들을 옹호하는 태도를 취하면서 무비판적으로 적용하면 안 된다. 오히려 성경과 전통의 가르침이나 오늘날의 문화에서 유래하는 여러 유익한 질문들을 통해 우리의 정신 세계가 새롭게 확장되기를 바라고 소망하는 마음으로 그 과정에 참여해야 한다. 또한 우리는 어떤 성경 본문이나 전통적인 예배 어구의 명백한 의미로 여겨졌던 것들이 실제로는 어느 정도 변형 가능하다는 합리적인 결론에 도달할 수 있다. 그리하여 그 텍스트는 우리가 처음에 생각했던 것과는 약간 다른 의미와 중요성을 갖게 된다.

예를 들어, 그리스도인들은 이 해석의 과정을 통해 이자를 받고 돈을 빌려주지 말라는 성경의 명령을 새로운 시각에서 숙고하게 되었다. 외관상 절대적인 것으로 보이는 이혼에 관한 예수님의 말씀이나, 교회 안에서 여성들의 처신에 관한 바울의 권면들도 새로운 맥락에서 그 의미가 재해석되었던 것이다. 나아가 근래의 수십 년간 가장 큰 논란이 되어 온 동성 교제에 관한 여러 질문 역시 새롭게 제기되었다. 이런 문제들을 둘러싼 논쟁은 그저 성경을 신실하게 따르는 이들과 '이 세대의 영'에 속박된 이들 사이의 것이 아니다. 오히려 당면한 문제에 관해 서로 다른 유형과 수준의 이성적인 해석을 적용하는 이들 사이의 논쟁이다. 심지어 가장 헌신적인 전통주의자들의 경우에도, 실제로는 우리가 인식할 수 있는 여러 추론의 원칙들에 근거해서 사유하고 있다. 그들도 본문의 표면적인 내용을 있는 그대로 반복하지는 않는 것이다. 그리고 외관상 명백해 보이는 것 이상의 더 깊은 일관성을 찾기 위해 본문을 탐색하는 일은 우리에게 낯설거나 불편하게 다가오는 것들을 전부 다시 쓰거나 삭제해 버리려는 일종의 무모한 열정과는 전혀 다르다.

역사적으로, 이 성경과 전통, 이성이라는 세 요소는 신학 논의를 위한 일종의 기준점이 되어 왔다. 신학 작업을 수행할 때 다음의 질문들을 스스로 던져볼 수 있으며, 또 마땅히 그리해야 한다. "지금 내가 언급하는 내용이 실제로 성경에서 가르치는 것보다 덜한 수준에 있지는 않은가?" "과연 나는 여러 세대에 걸친 가장 거룩하고 지혜로운 독자들과 함께 성경 본문들을 읽어 가고 있는가?" "나는 나 자신의 상식적인 분별력을 적절히 활용하며, 내 지성과 상상력을 형성해 온 현대 사회의 자원들을 진지하게 고려하고 있는가?" 책임 있는 신학 작업을 위해 이 모든 질문을 가능한 한 정직하게 다루어야 한다. 위대한 현대 신학자들은 이런 과업이 구체적으로 어떻게 수행되는지를 우리 앞에 제시해 왔다.

## 행동하는 신학

그런 인물들 중 하나로 스위스의 탁월한 개혁신학자이자 20세기 최고의 개신교 사상가로 꼽힐 만한 칼 바르트를 들 수 있다. 그는 자신이 신학자로서 하는 일이 그저 성경을 읽는 것뿐임을 늘 명확히 했다.

그가 나이 들어 어떤 기자에게 자신의 사상을 한 문장으로 요약해 달라는 요청을 받았을 때의 일화가 있다. 이미 수십 권의 책을 집필한 저자였던 그는 이렇게 답했다. "'예수 사랑하심을 성경에서 배웠네'입니다(우리말 찬송가 563장의 1절 첫 부분 가사-역주)." 여러 권으로 된 그의 방대한 저작인 《교회 교의학》 가운데는 성경 해석의 문제들을 놓고 자세히 씨름하는 긴 단락들이 담겨 있으며, 그는 자신의 논증을 더욱 풍성히 강화하기 위해 초대 교회로부터 종교개혁과 그 너머까지 이어지는 과거의 위대한 신학자들이 남긴 글을 거듭 언급하며 숙고하고 있다.

바르트의 신학 작업에는 그의 글들에서 즉시 파악할 수 있는 내용보다 더 많은 것이 담겨 있다. 그가 신학을 수

행하던 때는 나치가 독일을 서서히 장악하던 시기였다. 당시 바르트에게 '교회는 세상과 무엇이 다른가'라는 질문은 절박한 고민거리였으니, 히틀러 정권이 독일 교회를 통제하면서 유대 혈통에 속한 이들을 교회에서 전부 추방하려 했기 때문이다.

나치 체제의 확고한 반대자였던 그는 1935년에 그 정권의 민족 차별 정책에 관해 당시까지 기독교계에서 나온 것 중에서 가장 강력한 저항 선언문을 작성하는 일에 핵심 역할을 감당했다. 이 선언문에는 그리스도에 대한 믿음 이외의 다른 무언가를 교회 회원 됨의 기준으로 내세우는 일은 곧 하나님 자신의 권위를 부정하는 것이라는 내용이 담겨 있었다. 이 정치 활동의 결과로, 그는 독일 대학의 교수직을 내려놓고 모국인 스위스로 돌아가야 했다.

그 선언문에서 바르트가 언급한 내용의 핵심은 바로 우리 자신의 사회적인 통념을 신학의 기준점으로 삼아서는 안 된다는 데 있었다. 오히려 우리의 신학은 교회의 본질에 대한 숙고로부터 생겨나며, 이는 궁극적으로 그리스도의 정체성에 관한 성찰에 근거한다는 것이 그의 생각이었다.

그 작업은 기존의 사회 질서에 대한 막연한 종교적 사색으로 축소될 수 없으니, 교회 자체의 질서는 당대의 지배적인 문화에 근거해서 규정되지 않기 때문이다. 오히려 그 질서 안에서는 하나님의 성령과 능력을 힘입어 신자들이 서로 생명을 주고받으며, 이로 인해 단지 불공정한 제도들을 조금 개선하려고 시도하는 것을 넘어서는 수준의 정의와 평등을 추구하게 된다.

물론 이런 신학이 의미하는 바를 바르트가 늘 명확히 드러냈던 것은 아니다. 그는 교회의 삶에 민족 차별적인 법령들을 적용하는 일을 강력히 반대했지만, 1930년대에 이미 진행 중이던 유대인 공동체 전반에 대한 잔학 행위를 규탄하는 일에는 큰 우선순위를 두지 않았다. 바르트 자신의 저작들도 몇몇 측면에서 오랫동안 존재해 온 기독교적인 반유대주의의 영향력 아래 여전히 놓여 있었다. 하지만 그가 명확히 견지했던 원칙은 곧 신학자들이 하나님의 부르심과 은사를 통해 창조된 교회 공동체의 빛에서 다양한 사회적 의제들을 검증할 수 있어야 한다는 것이었다.

이것이 곧 바르트 자신의 신학 작업에 이성을 적용한 방식이라고 말할 수 있다. 그는 성경을 주의 깊게 읽어 가면서, 그 배후에 있는 질문들에 관해 오늘날 우리가 당면한 삶의 맥락에서 어떻게 구체적인 답을 찾는지를 탐구했던 것이다. 바르트가 파악한 질문들은 다음과 같은 것들이었다. "하나님이 역사하실 때 생겨나는 공동체는 어떤 종류의 것들인가?" "어떤 종류의 행위나 정책들이 그런 공동체를 세우거나

우리의 신학은
교회의 본질에 대한 숙고로부터 생겨나며,
이는 궁극적으로 그리스도의
정체성에 관한 성찰에 근거한다.
그 작업은 그저 기존의 사회 질서에 대한
막연한 종교적 사색으로 축소될 수 없으니,
교회 자체의 질서는
당대의 지배적인 문화에 근거해서
규정되지 않기 때문이다.

혹은 파괴하는가?"

바르트는 생애 말엽까지 계속 이런 작업들을 수행해 나갔다. 1950년대 냉전 체제가 전 세계적인 현실로 자리 잡았을 때, 그는 핵무기 개발에 관해 매우 치밀한 어조로 비판적인 글들을 집필했다. 바르트는 각 나라들의 핵무기 보유가 기독교 신앙과 전혀 양립할 수 없다고 믿었으며, 핵 전쟁에 반대하는 일이 제3제국의 민족 차별 정책을 반대하는 일만큼이나 참된 기독교의 진지한 시금석임을 강조했다.

지금 바르트의 후기 신학이 지닌 이런 요소들이 세상에 널리 알려져 있지는 않다. 하지만 그 시기에도 그는 당시의 사회적인 통념에 맞서면서 '무엇이 교회를 세상과 다르게 만드는가'라는 질문을 품고 자신의 신학 작업을 수행했음을 알 수 있다. 물론 현실적인 사안들에 그가 심도 있는 신학적 접근법을 택하는 일이 모든 이들의 동의를 얻지는 못할 수도 있다. 그러나 바르트 자신의 관점에서는, 그의 입장을 반박하는 모든 논의 역시 동일한 신학적 토대에서 출발해야 한다. 곧 '교회란 어떤 공동체인가'라는 질문에 답하려는 시도여야 한다는 것이다.

언젠가 바르트는 신학자들이 한 손에는 성경을, 다른 손에는 신문을 들고서 자신의 작업을 수행해야 한다고 언급한 적이 있다. 물론 그는 하나님의 본성과 사역을 헤아리는 일의 측면에서 이 둘이 서로 대등한 중요성을 지닌다고 시사할 생각은 전혀 없었을 것이다. 다만 그의 말뜻은 이 시대의 온갖 위기에 관해 우리가 기도하면서 지적인 응답을 추구할 때 성경 본문들 배후에 있는 깊은 상상력과 열정이 핵심 역할을 한다는 것이다.

이런 식으로 각자의 신학 작업을 수행할 때, 세상의 유행과 관습이나 맹목적인 다수의 의견에 매이지 않으면서 비판적이고도 유익한 자신만의 관점을 유지하게 될 것이다. 물론 이때 주변에서 그리스도인들을 불편하게 여길 수 있다. 어떤 사안에 독자적인 입장을 취할 때, 다른 모든 그리스도인들의 동의와 지지를 얻는 것도 아니다.

하지만 이것이 바로 기독교적인 추론의 참모습이라는 것이 중요하다. 이 추론은 다양한 상황에서 정답을 이끌어내기 위한 일종의 비인격적인 방법론이나, 입증과 확실성에만 매달리는 협소한 논리 체계가 아니다. 오히려 성경 본문의 배후에 있는 그 창조적인 분투의 기록에 비추어서 현 사회의 각종 통념과 관행들, 당연하게 받아들여 온 여러 관점들이 과연 타당한지를 숙고하는 하나의 기술이다. 이때 우리는 자신이 하나님이나 다른 사람들과의 관계에서 누리는 온전히 새로운 수준의 소속감을 제대로 담아낼 말과 개념들을 찾으려고 깊은 지적 노력을 쏟게 된다.

# 8

# 왜 복음이 세상과 우리 삶에 중요한가

사회의 파괴적인 요소에 저항하고
인류의 치유와 회복을 도모할 길을
제시한다

마지막 장에서는 기독교의 복음이 오늘날의 세상과 우리 삶에 어떤 영향을 미칠 수 있는지를 다루고자 한다. 과연 우리가 믿는 바가 중요한 이유는 무엇인가? 그 모든 내용은 우리 삶에 어떤 차이를 가져오는 것일까?

이 책의 1장에서, 우리는 복음의 관점에서 살필 때 신앙이 다음의 것들을 의미한다는 점을 언급했다. '우리 자신의 실패와 반복적인 두려움을 명확히 파악하고 인정하는 동시에, 만약 우리가 그 상태에서 벗어나기를 원한다면 아무 조건 없이 치유가 가능함을 아는 것.' 곧 우리 신자들은 자신의 연약함과 허물을 헤아리면서도, 그분께로 나아와서 치유와 회복, 용서와 온전케 됨의 유익을 얻으라는 하나님의 초대를 누릴 수가 있다는 것이다.

다만 신앙의 성격을 이렇게 표현하는 것은 여전히 어느 정도 일반적인 수준에 머물 수 있다. 그러므로 여기서는 우리가 그 초대를 믿음으로 받아들일 때 생겨나는 마음의 상태와 태도, 가치관을 조금 더 구체적으로 숙고해 보려 한다.

이런 식으로 헤아릴 때, 신앙은 적어도 다음의 세 가지 일을 가능하게 한다. 첫 번째로, 신앙은 우리 자신의 현실을 파악하는 적절한 관점을 얻게 한다. 이를 통해 우리 자신의 참모습을 (긍정적인 의미에서) 어느 정도 거리를 두고 바라보게 되는 것이다. 이때 우리는 방어적이거나 불안한 태도로 자신을 옹호하지 않으며, 헛된 기대와 자만심에 차서 스스로를 높이지도 않는다. 그보다는 정직한 소망을 품고서, 때로는 불명예스럽거나 신실하지 못하지만 늘 구속의 가능성을 지닌 존재로 자신을 이해하게 된다.

신앙의 관점에서, 우리는 스스로를 '늘 실패하지만 여전히 사랑받는 사람'으로 여길 수 있다. 우리는 자신과 다른 이들, 이 사회와 세상에 대한 책임을 감당하도록 부름 받고 소집된 이들로서, 너그럽고 의로우며 자비로우신 하나님의 다스림을 삶의 모든 영역에서 명확히 드러내야 한다. 우리는 이 부르심에 걸맞게 살아가는 일에 거듭 실패하지만, 우리 앞에는 여전히 새로운 시작과 회복의 가능성이 주어진다. 이는 하나님이 다시금 우리를 그분의 뜻 가운데로 초대하시며, 새 힘과 능력을 베푸시기 때문이다. 우리는 이런 패턴의 어느 지점에서든 스스로를 '우주의 쓰레기' 같은 존재로 여기지 않고, 우리 자신을 현실적인 관점에서 적절히 돌아보게 된다.

이때 자신이 실제보다 더 낫거나 혹은 더 못한 존재인 듯이 스스로를 꾸밀 필요가 없다. 자신의 한계를 그대로 인정하고, 늘 실수하면서도 조금씩 자라 가는 존재로 스스로를 바라볼 수 있어야 한다. 그리고 우리가 스스로를 이런 식으로 파악할 때, 그 관점은 주위의 다른 사람들을 헤아리는 데에도 깊은 영향을 미친다. 이를 통해 우리는 '온갖 갈등과 위협에 찬 세상에서 아무도 내게 도전하거나 내 삶을 뒤흔들지 못하게 하기 위해서는 늘 자신의 힘과 권력을 유지해야 한다'는 현 사회의 지배적인 통념과 신화로부터 한 발짝 물러설 수 있다.

그리하여 둘째로, 이런 종류의 신앙은 우리 주위의 모든 것을 소중히 여기는 삶의 방식을 실현시킨다. 이 세상이 실제로 하나님의 무한히 이타적인 행위에 근거하고 있다면, 그곳에서 우리가 대면하는 모든 것들은 일종의 선물로 간주될 수 있다. 우리의 존재가 만물의 근원이신 그분의 깊은 사랑과 돌보심에 닻을 내리고 있듯이, 주위의 다른 모든 사람이나 사물들 역시 그러하기 때문이다.

우리가 그분의 영원한 선물과 은사를 함께 누리듯이, 다른 모든 사람과 사물들 역시 그러하다. 우리는 모두 그 거룩하신 분과의 깊은 교제 가운데로 자라 갈 수 있게끔 이 시간과 공간에 속한 삶을 부여받았다. 우리 곁의 사람들과 물질적인 환경은 모두 그 신적인 베풂의 산물이며, 우연의 결과로 이 세상에 존재하는 것은 하나도 없다. 모든 사람과 사물들은 오직 그분의 손길로부터 이곳에 임해 있다.

셋째로 이처럼 만물이 하나님의 영원한 베풂에서 유래한다면, 우리도 서로의 교제 가운데서 깊은 유익을 주고받으면서 살아가는 삶의 방식을 취하는 것이 자연스럽고 합당하다. 이때 우리는 모든 것의 중심에 계시는 그 거룩한 사랑의 하나님과 교제할 뿐 아니라 주위의 이웃들과도 그런 교제를 주고받으며, 그 교제는 서로를 더 인간답게 만드는 일에 헌신하는 성격을 띤다. 이는 곧 각자가 지닌 존재와 삶의 가능성을 더욱 북돋우는 방식으로 살아가는 것이다. 우리는 이 교제의 지평을 한층 더 확장해서, 주위의 온 세상과도 친밀하게 소통하는 일을 기대해 볼 수 있다.

그럼으로써 세상은 우리가 더 인간다워지는 일을 돕고, 우리는 이 세상을 그 본연의 모습에 더욱 합당한 곳으로 만들어 가는 것이다. 주위의 환경을 존중하고 돌보는 이 삶의 태도는 아쉽게도 오늘날 우리의 '발전된' 사회에서는 점점 더 찾아보기 어려워지고 있다.

현실적인 관점을 품는 일과 세상 만물을 하나님의 선물로 여기는 일, 그리고 우리가 서로를 더 인간답게 만드는 일에 헌신하는 교제로 부름받았다는 인식은 모두 이 책에서 우리가 탐구해 온 참된 신앙을 통해 가능케 되는 요소들이다. 그리고 이 세 요소는 지금 이 세대에 널리 퍼진, 세 요소와 대립되는 다음의 태도들에 맞설 견고한 토대를 제공한다.

* 정서적으로 유아적인 태도: 이는 적절한 분별력을 완전히 잃어버린 이들이 보여 주는 삶의 모습으로, 이들은 자신의 즉각적인 필요와 열정을 만족시키는 일을 모든 것의 중심에 둔다. 이런 태도는 조작적인 인간관계나 책임 회피, 또는 다른 이들의 인간성과 필요를 망각하는 일들을 통해 그 모습을 드러내며, (예수님이 자주 지적하셨듯이) 다른 이들을 향한 비판과 우월의식, 그리고 자신의 참모습을 애써 외면하는 일들로 나타나기도 한다.
* 다른 이들을 이기적으로 착취하는 태도: 이는 주위의 모든 사람과 사물들을 내 개인의 자아나 특정 문화 혹은 권력층의 집단적 자아, 또는 이 세상을 착취하는 궁극적인 집단적 자아인 '인류'의 굶주린 뱃속으로 집어삼키려는 욕망을 가리킨다. 이런 태도를 취하는 이들은 주위의 온 세상을 무너뜨리고 파괴할 뿐 아니라, 불공정한 구조와 불평등, 거대한 폭력이 사물의 본성 자체에 원래부터 내재되어 있다는 착각에 스스로 빠지게 된다.
* 인간관계에서의 계산과 의심: 이는 다른 개인과 집단,

우리는 현실적인 관점을 품는 일과,
세상 만물을 하나님의 선물로 여기는 일,
그리고 우리가 서로를 더 인간답게 만드는 일에
헌신하는 교제로 부름받았다.
그러므로 우리는 정서적으로 유아적인 태도,
다른 이들을 이기적으로 착취하는 태도,
인간관계에서 계산과 의심에 휩싸이는 등
이 세대에 널리 퍼진 잘못된 태도들에
저항해야 한다.

나라들과 세상 전체가 그저 우리 자신의 목표를 위한 수단으로 존재한다는 냉소적이고 부정적인 태도를 가리킨다. 이런 태도를 취하는 이들은 다른 이들 역시 우리를 그런 식으로 대한다고 여기며, 모든 것이 그저 이기고 지는 일의 문제로 귀결된다고 믿게 된다.

만약 주위에서 이런 일들이 벌어지는 것을 미처 보지 못했다면, 이는 세상의 모습들을 제대로 살펴본 적이 없기 때문일 수도 있다. 실제로 신앙을 통해 열린 새 삶의 가능성은 모든 일의 진상을 더 깊고 온전하게 파악하는 일과 연관이 있다. 그럼으로써 지금 우리가 속한 이 사회나 (우리 모두가 다양한 방식과 수준에서 참여하는) 전 세계적인 문화의 가장 파괴적인 요소들에 저항할 길을 찾게 되는 것이다.

그러면 정치의 영역에서 우리의 신앙은 어떤 차이를 가져올 수 있을까? 아마도 가장 중요한 점은 우리의 신앙이 그 영역의 병폐를 진실하게 파악하고 진단하는 데 도움을 주며, 우리로 하여금 이기고 지는 일에 근거해서 규정되지 않는 공동체를 이루고 살아갈 힘과 에너지를 얻게 한다는 데 있을 것이다(때로는 그 모습이 잘 상상이 가지 않더라도, 교회의 마땅한 목표는 바로 그런 공동체를 이루는 데 있다).

## 무엇을 원하는가? 와서 보라

이 작은 책에서, 나는 기독교적인 헌신의 전반적인 성격을 이야기해 보려 했다. 그 신앙의 특징은 우리가 무언가를 볼 뿐 아니라 모든 것을 보지는 못함을 깨닫는다는 말로 가장 잘 표현될 수 있다. 나는 요한복음에서 기독교의 기본적인 이야기를 서술하는 방식에 근거해서 그 사실을 어느 정도 설명해 보려 했다. 그 복음서에서 예수님이 권유하시는 방식대로 세상을 바라볼 때, 이 세상의 파괴적인 문제들에 저항할 효과적인 토대가 되는 일련의 인간적인 반응들을 습득해 간다는 것이 내 생각이다.

이렇게 반문할 수 있을 것이다. "그 말들이 무척 매력적으로 들리기는 합니다. 하지만 그 내용이 실제로 참되다고 여길 어떤 구체적인 근거가 있을까요?" 이것은 모든 이들이 스스로 답해야 할 질문이며, 특히 요한복음의 메시지가 일종의 철저한 논증이 아니라 하나의 인격적인 초대이기 때문에 그러하다. 우리는 결코 다음과 같이 말할 수 있는 지점에 이를 수 없다. "여기에 완벽한 진리의 증명이 있습니다. 누군가가 아무리 멍청하다 해도, 이것이 곧 실재에 대한 우리의 타당한 접근방식임을 헤아릴 수 있을 것입니다."

앞서 내가 신앙을 이해하는 일에서 과학과 예술 모두

의 중요성을 언급했던 이유는 바로 여기에 있다. 이는 우리의 모든 진지한 헌신 가운데 얼마간의 위험 요소가 개입되어 있기 때문이다. 새로운 연구 방향을 모색하는 과학자들은 자신의 이론이 틀린 것으로 입증될 위험을 감수하면서 여러 실험을 수행하다가 마침내 명확한 답을 얻는다. 하지만 그다음에는 그 결과를 토대로 또다시 새로운 위험을 감수하면서 한층 더 진전된 질문들을 탐구한다.

우리가 상상력이 풍부한 시나 영화, 희곡과 소설 등의 위대한 예술 작품을 대면할 때도, 그 저자가 우리 마음속에 이런 식으로 말을 걸어오지는 않는다. '이것이 실재의 본모습임을 여러분에게 입증해 보이겠습니다.' 오히려 그들은 요한복음 첫 부분에 담긴 예수님의 말씀과 유사한 방식으로 이렇게 권유해 온다. '와서 보십시오. 이곳에 함께 서서 무엇이 보이는지를 한번 헤아려 보기 바랍니다.'

그곳에서 다른 식으로는 볼 수 없었던 무언가를 정말 보게 된다면, 우리는 혹시 그 관점에서만 파악될 수 있는 어떤 진리가 있는 것이 아닌지를 자문해 볼 수 있다. 곧 우리 스스로는 도저히 발견하거나 만들어 낼 수 없는 참된 무언가가 그 속에 담겨 있다는 것이다.

이를테면, 우리는 셰익스피어의 "리어 왕" 공연이나 모차르트의 "레퀴엠" 연주를 듣고 나오는 길에 알 수 없는 불안감과 당혹감을 종종 느낀다. 그 경험을 통해, 우리가 미처 예상하지 못했거나 (때로는) 굳이 마주하기를 바라지 않았던 일들을 대면하게 되기 때문이다. 인간의 상상력이 닿는 세상 속에서는 우리가 이전에 생각했던 것보다 더 많은 일들이 드러나곤 한다. 이때 우리는 차라리 몰랐더라면 더 마음이 편했을 여러 일들을 마주하게 되지만, 이 세상을 정직하게 바라보기 위해서는 그런 일들을 끝까지 외면할 수가 없다.

그러므로 누군가가 기독교 신앙에 관해 '그 모든 내용이 진실인가요?'라는 질문을 던질 때, 우리가 줄 수 있는 답의 일부분은 이러하다. '만약 예수님이 우리를 부르시는 곳으로 나아갈 때 지금까지 보아 온 세상과 사물의 모습보다 더 크고 많은 것들을 헤아리게 된다면, 우리는 그곳이 곧 참되고 진실한 삶의 토대가 아닐지를 한번쯤 자문해 보아야만 합니다.' 이때 우리는 다음의 물음 역시 던져 보게 될 것이다. '지금 내가 그곳에 나아가기를 망설이는 이유가 그때에 보게 될 더 큰 세상의 실재에 대한 두려움에서 기인하는 것은 아닐까?'

그러나 그 신앙의 메시지 속에 진리가 존재하며 이 세상의 참된 본성이 그 가르침에 부합한다면, 설령 그 실재의 모습이 버겁게 다가올지라도 그것을 피해 숨어서는 안 될 것이다.

요한복음을 비롯한 신약 전체에서 제시되는 예수님의 이야기는 내가 이 책에서 드러내려 했던 이 세상의 현실에 관한 이중의 비전을 서로 뗄 수 없이 결합시킨다는 점에서 세상의 다른 어떤 이야기와도 다른 특징을 띤다. 그것은 곧 하나님이 온 세상에 베푸시는 은사의 압도적인 풍성함과, 이에 대비되는 인간의 자기 기만과 두려움이 지닌 두려운 현실성에 대한 비전이다. 이 예수님의 이야기는 일종의 신적인 현현이나 영광의 계시에 그치지 않으며, 하늘에서 갑자기 떨어진 일련의 가르침 또는 빼어난 인간적인 삶의 모범에 머물지도 않는다. 오히려 참된 아름다움과 공포의 실체를 우리 앞에 드러내며, 불안하고 이기적인 피조물인 우리 인간들의 기본 통념을 뒤흔드는 하나의 이야기로 이 세상에 임한다. 그 이야기는 우리의 깊은 두려움이 그분의 참 사랑을 통해 어떻게 해소되는지를 보여 주는 것이다.

지금 이 세상에서, 우리는 다양한 방식으로 거룩한 일들의 현현과 드러남을 경험한다. 독일의 시인 릴케는 한 고대 그리스의 조각상에 관해 탁월한 시를 썼는데, 그 끝부분에 다음의 인상적인 행들이 등장한다. '그대가 누군가의 눈에 띄지 않는 곳은 세상 어디에도 없다. 그대 자신의 삶을 바꾸어야만 한다.' 우리를 삶의 변화로 초대하는 이 계시의 감각은 실제로 복음의 일부이지만, 그 복음의 핵심 주제가

신앙을 통해 우리 앞에 주어지는
새 삶의 가능성은
모든 일의 진상을 더 깊고 온전하게
파악하는 일과 연관이 있다.
이를 통해 지금 우리가 속한 사회의
가장 파괴적인 요소들에
저항할 길을 찾게 된다.

이것에만 국한되지는 않는다. 오히려 복음에 담긴 계시는 우리를 향한 하나님 자신의 사랑을 드러내며, 그 사랑은 곧 예수님의 삶과 죽음, 부활을 통해 실현되었다. 우리는 바로 그 사랑의 계시 안으로 나아오게끔 인도되며, 그분의 사랑과 협력해서 참된 길로 나아가도록 부르심을 받고 또 힘을 얻는 것이다. 우리를 향한 그 복음의 메시지는 다음과 같다. '와서 보라.' 곧 이 신앙의 자리에서 새로운 삶의 지평들을 발견하며 진정한 소생의 가능성을 헤아려 보라는 것이다.

지금 이 세상에서는 인류의 치유와 회복에 관해 온갖 다양한 방법들이 제시되고 있다. 하지만 복음의 주장은 실로 단순하다. 예수님과의 만남을 통해, 요한복음에서 영원히 안전한 곳으로 묘사되는 '아버지의 품'으로 우리가 인도함을 받는다는 것이다. 그 품은 우주 만물의 중심부에 위치하며, 그곳에서 우리의 모든 두려움이 빛을 잃는다.

이처럼 기독교의 본질과 예수님에 대한 믿음의 의미를 숙고할 때, 우리는 결국 다음의 질문과 초대 앞에 서게 된다. "무엇을 원하느냐? 와서 보라." 그리고 우리는 복음서들에서 예수님이 그분의 벗들에게 분부하신 다음의 심오한 말씀 역시 기억할 수 있다. "깊은 데로 나아가라"(눅 5:4-역주). 우리가 이미 아는 영역뿐 아니라 미처 알지 못하는 영역 속에도 삶의 중요한 진실이 담겨 있음을 헤아려야 한다. 그러므로 우리가 참된 삶을 살아가기 위해서는 자신의 한계를 인정하면서 모든 집착을 내려놓고 온전한 사랑과 화해, 깊은 교제가 우리 안에서 풍성히 드러나게 하는 일들이 필요하다. 우주 전체를 지탱하시는 분의 창조적인 은사와 능력에 부합하는 방식으로 살아가야 하는 것이다. 모두가 심각하게 손상되었으나 때때로 멋진 모습을 드러내는 이 세상의 삶을 위한 하나의 토대를 이룰 때, 우리는 진정한 기독교 신앙과 헌신이 의미하는 바를 조금씩 발견할 것이다.

**Q** 소그룹과
개인 묵상을 위한
질문들

## ✦ 1. 신앙이란 무엇인가

1. 신앙의 개념을 일종의 '교육', 곧 우리가 이 세상의 표면 너머를 보고 그 실제의 깊이를 헤아리게끔 돕는 과정으로 생각해 보라.

   ▸ 여러분의 삶에서 기존의 제한되고 협소한 세계에 머무르지 말고 더 넓고 큰 세상으로 나아가도록 격려를 받은 순간은 언제였는가?

   ▸ 그리고 그 순간들은 종교적 신념에 대한 여러분 자신의 기대나 경험과 어떤 관련이 있었는가?

2. 요한복음은 우리 앞에 하나의 역설을 제시한다. 이는 곧 명확히 보지 못하는 우리 자신의 무능력을 인정하는 것이 곧 진정한 '봄'을 향해 나아가는 첫 단계가 된다는 것이다.

   ▸ 이 개념은 여러분이 겪었던 자기 인식과 성장의 경험과 어떻게 연결될 수 있는가?

   ▸ 여러분 자신의 한계와 오류들을 직시함으로써 더 깊은

이해나 중요한 인격적 변화로 나아갔던 삶의 순간들로는 어떤 것이 있는가?

3. 예수님의 이야기는 하나의 '영광', 곧 만물을 새롭게 비추는 이타적인 사랑의 광휘를 드러낸다.

▸ 이 영광의 이미지는 여러분 자신의 정신적이거나 영적인 습관들에 어떤 도전을 제기하는가?

## 2. 기독교란 무엇인가

1. 그리스도인들은 하나님을 '삼위일체'로 이해한다. 곧 성부와 성자, 성령이 서로 구별되면서도 온전히 연합되어 있는 신적인 활동의 핵심에 계신다는 것이다.

▸ 이런 삼위일체의 개념은 하나님의 본성 자체를 사랑과 지혜로 받아들이는 일, 곧 그저 그분이 사랑과 지혜의 속성을 지니실 뿐 아니라 실제로 그것들 자체이심을 헤아리는 데 어떻게 도움을 주는가?

2. 예수님을 신적인 지혜와 질서의 구현자로 여기는 일은 인간의 목적과 존엄성에 대한 여러분의 관점에 어떤 영향을 미치는가?

3. 지금 인류가 파괴적인 세력들과 선대로부터 물려받은 거짓되고 혼란스러운 본성('원죄')으로 인해 이미 손상된 세상 속으로 태어난다는 개념은 개인의 책임에 대한 여러분의 이해에 어떤 영향을 주는가?

4. 예수님이 하나님과 인간 사이의 생명력 있는 관계를 회복시키시는 분임을 믿는 일은 우리 삶의 변화 가능성과 하나님의 뜻에 부합하게 살아갈 능력에 대한 여러분의 생각에 어떤 영향을 미치는가?

## 3. 신학이란 무엇인가

1. 사도행전 19장에서 바울은 '아직 성령을 받지 않은' 제자들을 대면하게 된다.

‣ 우리는 각자의 신앙을 인정하는 세례의 예식(특히 유아 세례의 경우)과 성령님의 사역을 통해 이루어지는 변화된 삶의 경험을 어떻게 결부 지을 수 있겠는가?

2. 여러분이 기독교 신자라면, 여러분 자신의 삶에서 성령님의 임재와 인도하심을 통한 인격적 변화의 열매들을 가장 풍성히 경험했던 때는 언제였는가?

3. 신학이 '기독교의 의미를 헤아리는 작업', 곧 우리 삶의 경험들을 예수님의 이야기와 긴밀히 연관 짓는 하나의 과정이라면, 과연 여러분은 지금 자신의 삶 속에서 그 일을 의식적으로 수행하고 있는가?

이런 맥락에서 여러분은 어떤 질문을 품고, 신앙의 눈으로 자기 삶의 자리를 헤아리기 위해 어떻게 노력하고 있는가?

## 4. 왜 교회가 중요한가

1. 기독교 공동체가 하나의 상호 의존적인 몸으로서 그 안의 각 지체들이 서로의 주고받음을 통해 전체의 삶에 기여함을 알 때, 우리 그리스도인들의 영적인 여정은 어떤 영감과 유익을 얻겠는가?

2. 예수님이 죄인이나 버림받은 자들과 식사하신 이야기를 염두에 둘 때, 그분 자신의 십자가 죽음 이전과 이후에 제자들과 함께 식사하신 일의 의미에 대한 우리의 이해가 어떤 식으로 더욱 심화될 수 있겠는가?

▸ 이런 통찰들은 오늘날의 성찬 때 벌어지는 일들의 의미를 헤아리는 데 어떤 도움을 주는가?

## 5. 왜 성경이 중요한가

1. 성경에는 역사적인 내러티브부터 지혜 문헌과 선지자들의 글, 각종 서신에 이르기까지 다양한 글들이 담겨 있다.

   ▸ 이런 성경의 다양성은 하나님의 성품과 그분이 인간 역사 속에서 행하시는 방식에 대한 여러분의 이해에 어떤 영향을 미치는가?

2. 여러분은 구약 성경과 신약 성경 사이의 관계를 무엇으로 이해하는가?

   ▸ 예수님은 어떻게 인류를 향한 하나님 언약의 이야기를 성취하고 확장하시는 분으로 여겨지게 되었는가?

## 6. 왜 전통이 중요한가

1. 초대 교회는 예수님과 그분의 공동체에 관해 우리가 언급할 수 있는 내용의 경계를 규정하는 일에 많은 노력을 쏟았으며, 신약의 메시지가 지닌 원래의 폭과 범위를 유

지하는 데 집중했다.

› 이런 가르침의 경계를 확정하는 일이 중요했던 이유가 무엇이라고 생각하는가?

2. 우리에게 중요한 일은 생명력 있는 성경 해석 과정인 '전통'과 그저 과거의 사유와 관행을 반복하는 '전통주의'를 서로 구분 짓는 데 있다.

› 우리는 과거 세대의 통찰에 대한 존중과 새로운 해석과 이해에 대한 개방성을 어떻게 균형 있게 유지할 수 있을까?

3. 살아오면서 자신의 믿음이나 실천이 지닌 의미를 재평가해야만 했던 때가 있을 것이다.

› 그때의 느낌은 어떠했으며, 오랫동안 간직해 온 자신의 관점이 흔들리는 상황에 어떻게 대처했는가?

› 과연 그 일은 영적인 유익과 손실 중 어느 쪽으로 다가왔는가? 혹시 둘 다였는가?

## 7. 왜 이성이 중요한가

1. 여러분이 속한 문화적이며 지적인 맥락들이 자신의 성경 읽기나 전통적인 교회의 가르침에 대한 접근방식에 어떤 영향을 미친다고 생각하는가?

   ▸ 우리가 그런 맥락들을 넘어서는 일이 실제로 가능할까? 그 일은 정말 필요한 것일까?


2. 신학에 대한 칼 바르트의 접근 방식 가운데는 동시대의 사고방식과 조화를 이루는 일이나 인간적인 성취를 긍정적으로 바라보는 일의 중요성에 대해 지극히 회의적인 태도를 취하는 것 역시 포함된다. 당시 그는 이런 류의 사고방식들이 독일 교회를 통제하려는 나치의 시도에 대한 사람들의 저항을 약화시키는 데 많은 영향을 끼쳤다고 여겼다.

   ▸ 바르트는 교회의 가르침에 비추어서 당대의 사회적 관행을 평가해 볼 것을 강조했는데, 이런 그의 관점은 오늘날 신앙과 인간 이성의 관계나 교회와 비종교적인 사회 사이의 관계에 대한 우리의 태도에 어떤 도전을 줄 수 있겠는가?

## 8. 왜 복음이 세상과 우리 삶에 중요한가

1. 기독교 신앙의 이해 방식 중 하나는 우리 주위의 모든 사람과 사물을 신적인 베풂에서 유래한다는 개념으로 여기는 것이다.

   ▸ 이처럼 세상과 그 안의 사람들을 하나님의 선물로 받아들일 때, 여러분의 일상적인 삶과 환경을 돌보는 일의 측면에서 그들을 대하는 태도와 행동 방식이 어떻게 달라지겠는가?

2. 기독교 신앙은 일련의 확고한 논리적 증명보다, '와서 보라'는 일종의 인격적인 초대에 더 가깝다.

   ▸ 과거 여러분의 삶에서 그런 초대를 받아들였던 시기를 떠올려 볼 수 있겠는가?

   ▸ 당시 그 초대가 삶에 어떤 변화와 도전을 가져왔는지를 생각해 보라. 그리고 그 변화는 지속적인 것이었는가?

3. 누구에게나 자신과 세상에 관한 불편한 진실에 직면해야 했던 순간들이 있다.

  ▸ 여러분의 경우, 그런 순간들은 실제로 인격적인 성장과 더 깊은 통찰을 가져다주는 것이 되었는가?

  ▸ 하나님의 무조건적인 사랑과 헌신에 대한 이해는 이 고난을 통한 성장에 대한 우리의 두려움을 해소하는 데 어떤 도움을 주는가?